L'ENSEIGNEMENT

COMMERCIAL

BASÉ SUR L'ÉTUDE

DES LANGUES MODERNES

PAR

HENRI TRUAN

FONDATEUR DE L'INSTITUT COMMERCIAL DE PARIS
FONDATEUR ET SECRÉTAIRE GÉNÉRAL DE LA SOCIÉTÉ NATIONALE
DE L'ENSEIGNEMENT COMMERCIAL
AUTEUR-ÉDITEUR DE LA BIBLIOTHÈQUE DE L'ENSEIGNEMENT
COMMERCIAL

Tout par l'initiative privée.

PARIS

LIBRAIRIE DE L'ENSEIGNEMENT COMMERCIAL

18, BOULEVARD MONTMARTRE, 18

1887

L'ENSEIGNEMENT COMMERCIAL

Bibliothèque de l'Enseignement commercial

BOULEVARD MONTMARTRE, 18

OUVRAGES DU MÊME AUTEUR :

Statuts de la Société nationale de l'Enseignement commercial... **1** »

Chefs-d'Œuvre de la Littérature française, commentés en français, en anglais et en allemand. Un fort volume de 720 pages :

    Edition classique, cartonnée, **6** francs ; brochée..... **5** »

    Edition de luxe, grand in-8°, 26 gravures hors texte, cart., tranches dorées, **12** francs ; brochée........ **10** »

    (Le second volume, consacré aux dix-huitième et dix-neuvième siècles, avec un Appendice sur le moyen âge et la Renaissance, paraîtra à la fin de l'année.)

—

Étude sur les Écoles de commerce. Nouvelle édition entièrement refondue............................... **2** »

—

Programme et Statuts de l'Institut commercial de Paris. Edition conforme à celle de 1883............... **1** »

    Les deux ouvrages réunis........................ **3** »

POUR PARAITRE PROCHAINEMENT :

La Réforme de l'Éducation nationale

L'EXTINCTION DU PAUPÉRISME

CHEFS-D'ŒUVRE DE LA LITTÉRATURE ANGLAISE
COMMENTÉS EN DIVERSES LANGUES

PARIS. — IMPRIMERIE DE CHARLES NOBLET, RUE CUJAS, 13.

BIBLIOTHÈQUE DE L'ENSEIGNEMENT COMMERCIAL

L'ENSEIGNEMENT

COMMERCIAL

BASÉ SUR L'ÉTUDE

DES LANGUES MODERNES

PAR

HENRI TRUAN

FONDATEUR DE L'INSTITUT COMMERCIAL DE PARIS
FONDATEUR ET SECRÉTAIRE GÉNÉRAL DE LA SOCIÉTÉ NATIONALE
DE L'ENSEIGNEMENT COMMERCIAL
AUTEUR-ÉDITEUR DE LA BIBLIOTHÈQUE DE L'ENSEIGNEMENT
COMMERCIAL

Tout par l'initiative privée.

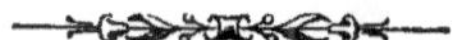

PARIS

LIBRAIRIE DE L'ENSEIGNEMENT COMMERCIAL

18, BOULEVARD MONTMARTRE, 18

1887

Tous droits réservés

L'ENSEIGNEMENT COMMERCIAL

BASÉ SUR L'ÉTUDE

DES LANGUES MODERNES

I

L'outillage commercial de la France.

Au moment où la France se préparait pour des éventualités qui semblaient rapprochées cet hiver et qui ne sont peut-être pas si complètement conjurées aujourd'hui qu'on ne puisse s'attendre à les voir renaître tôt ou tard, les journaux étaient remplis de comparaisons entre les forces disponibles des grandes puissances en temps de guerre : effectifs des armées de terre ; effectifs de la marine ; armements, nombre et qualité des fusils, des canons, des navires, des torpilleurs ; forteresses, moyens d'attaque, de défense, de concentration des troupes ; approvisionnements, vêtements, chaussures : tout s'y trouvait à l'ordre, jusqu'aux boutons de guêtres.

L'inventaire était satisfaisant sur bien des points, en ce qui concerne l'armée.

La France a de jeunes généraux, pleins de vigueur, d'initiative, de patriotisme ; l'esprit militaire a repris un grand essor depuis une dizaine d'années. « Si nous étions appelés à entrer en campagne, il y aurait unité probable du commandement en chef, ce qui est une garantie de victoire. »

Bref, nous sommes prêts... pour la guerre.

Sommes-nous aussi prêts *pour la paix*, ou, pour poser la question en d'autres termes, notre outillage commercial, nos moyens d'action à l'intérieur, à l'étranger, surtout aux colonies, peuvent-ils être mis sous tous les rapports en parallèle avec ceux de nos voisins ? C'est ce que nous allons étudier.

Les grandes découvertes, surtout celles de la navigation à vapeur et des chemins de fer, ont profondément modifié les conditions générales du commerce à notre époque.

Dans l'antiquité et même dans les temps modernes, jusqu'à la fin du siècle passé, le commerce, pour la grande majorité des produits, ne dépassait pas les frontières du pays.

Chaque peuple, et, pour ainsi dire, chaque famille, consommait sur place les fruits de la terre ; et si, depuis l'établissement des communes, chaque individu ne fabriquait plus lui-même ses ustensiles, ses vêtements, ses chaussures, les échanges se bornaient à son superflu qui lui procurait ces objets de première nécessité.

Les denrées coloniales, apportées en Europe par les navires à voile et les caravanes, étaient des marchandises de luxe au seul usage des riches. Très chères, par suite de la difficulté du transport, elles étaient, par surcroît, presque partout, frappées de lourds impôts.

Il n'y a pas si longtemps qu'on rencontrait encore des personnes n'ayant goûté de leur vie ni café, ni sucre; dans d'autres pays, c'était le vin qui était inconnu ou même la bière.

On ne construisait des fabriques que pour mettre en œuvre les matières premières locales.

Aujourd'hui, on tisse les laines d'Australie en Angleterre, en France, en Allemagne; les cotons, la soie nous arrivent bruts d'Egypte, d'Amérique, de la Chine, du Japon; la viande fraîche, des pampas de la Plata, des plaines du Mississipi; le caoutchouc, de la Guyane; les arachides, du Congo et du Soudan; les chocolatiers ont des plantations de cacao dans le Nouveau Monde; les parfumeurs de Paris cultivent les roses en Algérie; les approvisionneurs des halles ont des jardins pour les primeurs en Espagne et à Tunis; les fonderies du Creusot, d'Essen, vont chercher le minerai en Espagne, en Algérie, en Suède. Il n'y a plus de distances; demain, nous brûlerons à Paris les charbons du Tonkin, nous boirons le thé exquis des provinces méridionales du Yunnam, inconnu à ce jour même à Pékin et consommé sur place, faute de moyens d'exportation.

Les secrets de la fabrication, dont on faisait si grand mystère autrefois, ne sont plus des secrets; à peine les brevets protègent-ils dans une certaine mesure les inventeurs; une invention n'est pas plus tôt signalée, que le lendemain elle est dépassée, et malheur à l'industriel qui s'attarde aux procédés du bon vieux temps, par respect pour ses ancêtres enrichis jadis par une industrie inconnue à tout autre, ou par simple esprit de routine, par ce besoin d'inertie qui endort la troisième ou la quatrième génération dans les familles opulentes. Un beau jour, cet industriel se trouve face à face avec la ruine, d'un demi-siècle en retard sur ses contemporains. S'il est de ces races qui s'en vont, s'il n'a, comme on dit vulgairement, rien dans le ventre, il se tue pour ne pas survivre à son déshonneur ; mais s'il est *quelqu'un*, il se retourne d'un autre côté, retrouve son équilibre, et vingt ans après, plus riche que jamais, il se félicite de ses malheurs passés qui l'ont révélé à lui-même et lui ont permis de créer à son tour quelque chose, au lieu de continuer à végéter sur les inventions surannées, usées, de son père ou de son aïeul.

Tout à la vapeur : telle est la devise du dix-neuvième siècle ; celle du vingtième sera sans doute : Tout à l'électricité.

Il y a dans ces faits un grand enseignement pour nous : les peuples qui s'obstinent à vivre chez eux, sans voyager, sans aller voir ce qui se passe, ce qui se fait ailleurs, — et quand je dis ailleurs, j'entends dans l'autre hémisphère, aux tropiques, aux antipodes, — ces peuples se préparent une prompte décadence.

On trouve encore des gens en France qui vous disent : Nous autres Français, nous aimons à rester chez nous, parce que nous y avons le bien-être ; les

étrangers devraient bien nous imiter en cela ; qu'ont-
ils besoin de venir chez nous, manger notre pain,
prendre les emplois, les situations que nous desti-
nions à nos fils? que ne restent-ils chez eux ? ce
sont des intrus.

Récemment même, le Sénat, imbu de ces idées ré-
trogrades, discutait une loi destinée à rendre la naturalisation si difficile, que peu d'étrangers seront
disposés à surmonter tant d'obstacles, à affronter tant
de mauvaise volonté ; et comme, après tout, la qualité d'étranger en France n'est pas dépourvue de certaines immunités assez avantageuses ; que le privilège de se dire citoyen du pays où l'on vit, de participer à la vie publique, de pouvoir prétendre aux
honneurs civiques, au Conseil municipal, à la Chambre
des députés, au Sénat, voire à l'Institut ; que ce privilège est accompagné d'une foule de sacrifices quelquefois très lourds, quelquefois douloureux, comme
celui qu'on impose au père de famille en lui enlevant
son fils au sortir de longues et coûteuses études,
ou sur lequel il compte comme soutien de sa vieil-
lesse, pour l'envoyer périr par les fièvres, par le cho-
léra, dans des guerres mal engagées, mal dirigées
par des politiciens sans scrupules, contre les Krou-
mirs, les Annamites, les Hovas ; l'étranger en vient
à se dire : Ma foi, puisqu'on y fait tant de façons, je
serais bien bon de renoncer à mon repos pour des
honneurs si chimériques. J'adore la France, je ne
retournerai jamais au pays natal, mes enfants encore
moins ; mais nous continuerons à y vivre en étrangers, puisqu'on a l'air de ne pas vouloir de nous, de

fairè fi des services que nous pourrions rendre : nés citoyens suisses, belges, anglais, russes, allemands, nous resterons étrangers, et cela ne nous empêchera pas de continuer à vivre en France, d'y prospérer, d'y prendre même les premières places, au nez et à la barbe des vénérables, mais peu clairvoyants pères conscrits.

Les peuples qui comprennent notre époque, qui pressentent l'avenir, sont ceux qui vont chez les autres et voient de bon œil les autres venir chez eux.

En six mois, l'étranger est admis à la qualité de citoyen des Etats-Unis ; s'il en était de même en France, les Allemands qui pullulent sur son sol, en dépit des lois prohibitives, qui consentent à devenir les espions de Bismarck, qui sont un danger immense et perpétuel pour la sécurité du pays, ces étrangers se feraient naturaliser, deviendraient d'excellents citoyens, abandonneraient toute idée de retour, et seraient attachés à leur pays d'élection et de prédilection, comme le sont les Alsaciens, les Lorrains, annexés ou non annexés.

Croit-on, par hasard, que ces Allemands soient devenus espions par amour de Bismarck ou même par patriotisme, par amour de l'Allemagne et par haine de la France ?

Il en est du métier d'espion comme de tous ces métiers interlopes, inavouables, que l'on embrasse, non par goût, mais par nécessité : supprimez les obstacles à la naturalisation, vous supprimez en même temps l'espionnage d'une manière infiniment plus efficace que par la loi dont on nous menace, qui moleste de pacifiques, laborieux, intelligents étrangers, pour laisser arriver, jusqu'au cœur de Paris, tous les plus dangereux coquins.

Les difficultés opposées à la naturalisation des étrangers comme citoyens français sont une prime gratuitement et maladroitement offerte à l'espionnage.

Si l'affluence croissante des Allemands en France est l'objet des préoccupations les mieux fondées, les plus légitimes, ce n'est pas une raison pour y apporter un remède allant à fin contraire du but que l'on se propose. C'est précisément l'inverse qui ferait cesser le malaise, nous ramènerait à une situation normale, et nous permettrait de voir arriver les étrangers sans méfiance.

Voici donc les trois remèdes autrement efficaces que nous proposons :

1° La facilité de la naturalisation ;

2° La taxe sur les étrangers ;

3° Un enseignement des langues modernes dans nos écoles, qui mette nos employés de commerce à la hauteur de ceux que nous avons été forcés jusqu'ici de faire venir du dehors.

« La question est celle-ci, dit un judicieux écrivain, M. Raoul Frary : les fils nés en France de parents étrangers, domiciliés, continueront-ils à vivre sans patrie, et à se soustraire, par le plus choquant des privilèges, à l'obligation du service militaire ?

« Tout ce que le Sénat s'est laissé arracher dans ce sens, c'est l'adoption d'un amendement de M. Naquet, accepté par la commission et ainsi conçu :

« Tout individu né en France de parents étrangers

« devient Français si, ayant été porté sur le tableau de
« recensement, il prend part aux opérations de recru-
« tement, sans opposer son extranéité. »

« Cela ressemble fort à la législation actuelle, qui
laisse aux individus en question le droit d'opter, à
leur majorité, entre la nationalité française et une
nationalité étrangère. Or, veut-on savoir ce que produit ce système de l'option?

« Le chiffre des étrangers naturalisés a été, en 1880,
de 209 ; en 1881, de 283 ; en 1882, de 292 ; en 1883,
de 327 ; en 1884, de 498 ; en 1885, de 759. C'est
peu de chose ; cependant on peut signaler une progression ascendante qui, d'ailleurs, s'arrête en 1886 :
il n'y a plus que 663 naturalisations.

« Sur ces milliers de fils d'étrangers qui ont le
droit légal et, à ce qu'il nous semble, *le devoir moral*
de réclamer la qualité de Français à leur majorité, il
n'y en a pas 150 par an (vous avez bien lu : cent cinquante) qui usent de ce droit ou qui remplissent ce
devoir.

« Voilà les résultats de l'option. Or, le nombre des
étrangers résidant en France était :

« En 1872, de 740,688 ;

« En 1876, de 801,754 ;

« En 1880, de 1,001,090 ;

« En 1886, de 1,115,214.

« Ainsi, l'augmentation du nombre des étrangers
résidant en France a été, pendant certaines périodes,
de 50,000 par an, et le nombre des options n'atteint
pas 150.

« Encore ne parle-t-on pas de l'Algérie, où il y a

210,000 étrangers contre 225,000 Français. En Europe, nous sommes envahis; en Afrique, nous allons être noyés.

« En présence de pareils faits, vu les résultats du système de l'option, il n'y a qu'une loi à faire; c'est celle-ci :

« Tout individu né sur le territoire français, de « parents étrangers établis en France ou aux colonies, « est Français et soumis aux obligations de la loi mi- « litaire, sous peine d'expulsion immédiate. »

« Tant qu'on n'aura pas adopté cette disposition ou une disposition analogue, nous serons livrés à l'invasion d'une population internationale, qui nous donnera le scandale de vivre au milieu de nous sans patrie et sans devoirs, et qui fera sur notre propre marché une concurrence privilégiée aux nationaux obligés de servir pendant la paix et de se faire tuer pendant la guerre. » (*La France,* 5 février 1887.)

Personne n'ignore qu'après la guerre de 1870 une multitude de familles israélites allemandes, surtout de Francfort, envoyèrent leurs fils passer quelque temps en Suisse, à Schaffhouse, à Soleure, où la naturalisation est très facile, et quand ils eurent fait d'eux de *bons* citoyens helvétiques, les dirigèrent sur Paris, où vous les voyez, fringants et, millionnaires, se pavaner sur le péristyle de la Bourse, dont ils ont fait la conquête à ce point qu'ils dominent le marché financier, en attendant qu'ils aient fini de prendre possession de la France, ce qui ne sera sans doute pas long, vu l'impulsion donnée et la progression effrayante de l'augmentation de leur richesse.

Et vous croyez que l'on puisse, au dix-neuvième siècle, fermer la frontière, y élever une muraille de Chine pour enrayer le mal ! C'est une pure utopie, une très dangereuse illusion.

L'échange poussé à ses dernières limites, poussé à toute outrance, voilà la caractéristique de la vie moderne ; la richesse attend les peuples qui le comprendront, la misère sera pour ceux qui ferment les yeux à l'évidence.

Que tout commerçant débute dans sa carrière par de longs voyages ; mais celui-là seul en retirera des fruits qui pourra comprendre les mœurs, la vie de l'étranger, c'est-à-dire qui aura appris les principales langues modernes.

L'enseignement du commerce se résume donc dans la connaissance des langues. Si cette base fait défaut, le jeune homme qui aura dépassé la frontière verra bientôt que tout lui manque à la fois ; que, fût-il ferré sur la rhétorique, les Pandectes et le Codex, l'algèbre, la physique et la chimie, il n'est plus rien ; que tout ce qu'il a appris au lycée est viande creuse ; et il aura le crève-cœur de s'apercevoir que les autres le comprennent, tandis qu'il ne comprend pas les autres, c'est-à-dire que l'étranger peut se servir de lui, utiliser son savoir, alors qu'il lui est matériellement impossible de retirer le moindre profit de ce qui l'entoure, tandis qu'il décuplerait ses connaissances s'il entendait la langue du pays.

Voulez-vous savoir, par exemple, ce qu'on fait des jeunes Français envoyés en Allemagne pour apprendre l'allemand ?

Leurs parents les placent dans des familles qui promettent de les traiter, et les traitent, en effet, comme les enfants de la maison. Mais, aussitôt arrivés, *tout le monde leur parle français :* on les entoure, on les choie, on les invite; ils ont de nombreux *amis,* qui leur disent avec Gemüthlichkeit — la bonhomie allemande : Nous sommes enchantés de faire votre connaissance *pour nous exercer à parler français avec vous !!!*

L'enfant rentre chez ses parents, au bout d'une année ou deux, Gros-Jean comme devant; quant à la langue, il en sait juste assez pour demander à manger et à boire dans les termes les plus rudimentaires : *Brod und Wasser,* — ajoutez-y *ja und nein,* et quelques gros mots, la première chose qui s'apprend : à cela se borne son vocabulaire tudesque.

Ce n'était pas la peine assurément de se mettre en frais pour si peu.

Ces quelques considérations nous permettent de répondre, en terminant ce chapitre, à la question posée au commencement : La France est-elle prête pour la lutte commerciale ?

Non.

Mais elle peut s'y préparer facilement et en peu de temps en organisant son enseignement commercial, car c'est uniquement là que se trouve le point faible.

Elle reprendra alors le premier rang qu'elle a occupé aux seizième, dix-septième et dix-huitième siècles parmi les peuples colonisateurs, et nos jeunes Français en reviendront au goût des voyages qu'ils avaient perdu à la Révolution, quand le sol fut donné à ceux qui le cultivent.

Il en résulta un tel sentiment de bien-être, de satisfaction, qu'effectivement ils s'habituèrent dès lors à rester chez eux, s'adonnant à cette petite culture si intéressante, mais dont l'avenir est compromis sans remède par l'invention des machines, qui les pousse à l'expatriation, et a créé un nouveau besoin d'expansion coloniale.

II

Différence fondamentale entre l'enseignement industriel et l'enseignement commercial.

Définition : L'école industrielle enseigne les *procédés* de fabrication ; l'école commerciale, les *provenances* et les *débouchés* des marchandises.

Les *sciences* forment donc la base des études dans les écoles industrielles, tandis que ce sont les *langues* qui occupent la première place dans les écoles de commerce.

Peut-on utilement réunir sous le même toit ces deux genres d'études ?

Nous ne le pensons pas. Nous croyons même que c'est à la tentative qui en a été faite qu'on doit attribuer l'état florissant de l'enseignement industriel, d'une part, et, de l'autre, la nullité de l'enseignement commercial.

De tout temps, l'industrie française a tenu le premier rang dans le monde.

Jules César parle, en plusieurs endroits des *Commentaires*, de l'habileté des Gaulois dans la fabrication des métaux, notamment de l'excellence de leurs armes.

En un mot, le Français a le génie de l'industrie.

Il est bon d'insister sur ce point dans un moment comme celui-ci, où l'on paraît tenté de croire que, si la France a perdu du terrain, c'est parce que l'étranger a réussi à l'égaler, sinon à la surpasser en matière de fabrication.

Le Français *crée;* l'Allemand *imite.* Celui-ci peut arriver à gagner beaucoup d'argent par l'imitation, étant donné surtout le bon marché de la main-d'œuvre en Allemagne, mais nous n'en conservons pas moins toute notre supériorité comme inventeurs.

En industrie, le Français sait tout sans avoir jamais rien appris, comme les gens de qualité de Molière (seulement Molière plaisantait, tandis que nous parlons sérieusement).

L'Allemand, au contraire, ne sait que ce dont il a fait une étude spéciale.

Cela est aussi vrai pour les femmes que pour les hommes, et dans la vie usuelle, dans l'économie domestique, que dans l'industrie proprement dite.

Ce que les ouvrières françaises montrent d'esprit inventif, d'ingéniosité dans la fabrication des fleurs, des modes, dans la confection, dans tout ce qu'on nomme l'*article de Paris*, est inimaginable; il faut l'avoir vu pour le croire; et elles exécutent ces merveilles sans la moindre prétention, le plus simplement du monde, presque toujours sans préparation spéciale.

Vous trouvez en France mainte petite paysanne débarquée d'hier à Paris, qui vous fait d'instinct une cuisine exquise; en Allemagne, la jeune bourgeoise qui veut produire son impression et vous prouver qu'elle sera bonne ménagère, a soin de vous instruire « qu'elle ne sortira pas dimanche prochain, que c'est à son tour de *cuire.* » Vous devinez que cela signifie « ich muss kochen ».

Or, la cuisine, c'est encore de l'industrie et même une industrie ayant plus d'importance qu'on ne croit sur la vie d'une nation.

On connaît le proverbe : « Dis-moi ce que tu manges, je te dirai qui tu es. »

Mais, objectera-t-on, s'il est exact que le Français soit si remarquable en industrie, d'où vient que nous sommes inondés de produits allemands, qui nous arrivent souvent au prix de la matière première? d'où vient que nous succombons sous la concurrence redoutable de nos voisins?

Cela vient de trois causes :

1° Le traité désastreux de Francfort;

2° Le bon marché de la main-d'œuvre en Allemagne;

3° La supériorité des écoles commerciales allemandes.

Nous passerons sans nous y arrêter sur les deux premières causes, appelées à disparaître avec le temps.

La France sera bien forcée, un jour ou l'autre, de dénoncer le traité de Francfort; et quant à la main-d'œuvre, il convient de ne pas oublier que la question ouvrière est presque résolue en France par des augmentations de salaire qui s'imposeront aussi tôt ou tard à l'Allemagne. Nous insisterons tout particulièrement sur la troisième càuse, qui rentre très directement dans le sujet que nous traitons.

Si les Allemands nous font une concurrence écrasante dans le commerce, cela vient surtout *de ce qu'ils savent mieux vendre que nous*, non qu'ils y aient plus d'aptitudes naturelles, mais parce qu'ils y sont mieux préparés, parce que leur outillage commercial est à la hauteur de leur outillage industriel.

En réunissant les écoles industrielles et les écoles commerciales sous le même toit, on a fait une grave erreur. L'école de commerce a été presque partout sacrifiée.

Il y a plus de différence entre les études de l'école industrielle et celles de l'école de commerce qu'entre ces dernières et les études classiques.

Tous les enfants pourraient, sans inconvénient, avoir la même préparation jusqu'à quatorze ans. A partir de cet âge, quand ils abordent la période de l'éducation secondaire les dirigeant vers une carrière spéciale, désormais choisie, il devient indispensable d'en faire trois divisions distinctes, logées séparément :

1° *Les écoles secondaires classiques* proprement dites (collèges ou lycées);

2° *Les écoles secondaires industrielles*, désignées, suivant le degré, sous les noms : d'écoles *professionnelles*, écoles des *apprentis*, écoles des *arts et métiers*, ces dernières faisant la transition entre l'éducation secondaire et l'École centrale *des arts et manufactu-res* et l'École *polytechnique*, qui se rattachent à l'enseignement supérieur ;

3° *Les écoles secondaires commerciales.*

Dans les écoles classiques, les deux tiers des leçons sont consacrées à l'étude des *langues anciennes et de l'histoire ;*

Dans les écoles industrielles les deux tiers des leçons sont consacrées *aux sciences.*

Dans les écoles commerciales, les deux tiers des leçons sont données *aux langues modernes* et aux sciences qui s'y rattachent : *l'histoire et la géographie commerciales, la comptabilité, l'étude des échantillons, des provenances, des débouchés,* etc.

Réunissez deux de ces divisions, l'une étouffera infailliblement l'autre, et, ce qu'il y a de surprenant en France, dans ce conflit inévitable, c'est toujours la division commerciale qui a péri, ainsi qu'on a pu le voir à Lille, Rouen, Reims et d'autres centres commerciaux de premier ordre.

Ce que l'on a successivement décoré du nom d'enseignement *secondaire spécial,* — ou d'enseignement *secondaire français,* — et dont on croit pouvoir attendre des merveilles, est un enseignement mort-né ; — pas n'est besoin d'être grand clerc pour le prédire : ce sera toujours l'enseignement *des épiciers.* Les élèves qui le suivent ont une tare originelle, — une tare qu'on leur inflige gratuitement, sans la moindre nécessité, sans la moindre justification ; — mais cette tare les empêchera toujours de réussir ; elle les poursuivra dans la vie, comme ces maladies contractées dans l'enfance et dont les constitutions les plus robustes parviennent seules à se débarrasser.

A partir de dix-sept ans, l'apprentissage pratique du commerce vaudra toujours mieux que les études prolongées à l'école.

En effet, les écoles de commerce n'ont pas pour but de supprimer l'apprentissage, mais de l'abréger. Aussitôt que l'apprenti pourra rendre des services à son chef, ce dernier s'empressera de l'élever au rang d'employé et de lui accorder un traitement.

Pour bien faire, il faudrait que toute préparation fût finie vers la vingtième année. Alors commencerait pour le jeune négociant la période des voyages, pendant laquelle il achèverait de s'assimiler toutes les notions nécessaires à sa carrière.

III

La moitié des enfants, garçons et filles, doivent recevoir une éducation commerciale.

La statistique prouve que les deux cinquièmes de la population s'adonnent au commerce.

Si, en outre, on fait entrer en ligne de compte le rôle important que joue le commerce dans l'agriculture, dans l'industrie, même dans l'armée, on arrivera facilement à la conclusion que la *moitié* de nos enfants devraient être élevés en vue du commerce.

Tout industriel doit être doublé d'un commerçant,

ou, dans le cas d'impossibilité, avoir pour associé un commerçant : la prospérité de sa maison en dépend.

La même observation s'applique à d'autres carrières.

N'aperçoit-on pas, par exemple, combien seraient plus efficaces les vastes connaissances de nos ingénieurs si la partie commerciale de leur profession n'avait pas été si déplorablement négligée ?

On commence à bon droit à s'inquiéter des fautes aussi nombreuses que coûteuses du corps des ponts et chaussées; et si le fameux projet des dix milliards de travaux a échoué en grande partie, — non sans avoir déjà obéré nos finances de 2 milliards 600 millions, plus 400 millions en sus des devis adoptés par le conseil, — cela n'a d'autre cause que l'insuffisance notoire de sa préparation au point de vue des intérêts économiques du pays.

On a bientôt fait d'engloutir des millions dans la construction de magnifiques ponts, de tunnels, de canaux, de chemins de fer.

Que de fois n'en a-t-on pas constaté l'inutilité après coup !

L'ingénieur de l'État étant un fonctionnaire, faisant partie de l'administration, il y a chez lui du « rond-de-cuir ». Combien ne serait-il pas préférable de trouver en lui un négociant, ou, si vous voulez un mot plus relevé, *un économiste !* Or, l'économie sociale n'étant que la comparaison de faits analogues dans tous les pays du monde, on ne devient bon économiste qu'à la condition d'avoir appris les langues étrangères, qui, seules, permettent d'approfondir ces comparaisons par la connaissance qu'elles donnent de l'ensemble des faits qui constituent la vie de chaque nation.

L'administration charge un ingénieur de creuser un canal ?

Il ne se demande pas, — *il n'a pas le droit de se demander*, — à quoi servira ce canal.

Il se borne à le construire dans de bonnes conditions de solidité, d'élégance, d'*art*.

Il est à remarquer, ce qui certes n'est pas indifférent, qu'en général ses travaux reviennent beaucoup plus cher que ceux de l'industrie privée.

Il vous égrène les millions avec une rare désinvolture.

C'est le contribuable qui paie, donc il ne va pas, lui, ingénieur, s'en faire de la bile.

Ah ! si sa responsabilité personnelle y était engagée, combien il en agirait différemment.

Il ne dédaignerait plus, je vous l'affirme, d'apprendre le commerce.

Avant d'entreprendre la construction d'un chemin de fer, il en examinerait d'abord le prix de revient, ensuite les avantages que peuvent en attendre les contrées qu'il traverse, c'est-à-dire les bénéfices probables de l'exploitation.

Avant de doter tel département aride et desséché de 500 kilomètres de nouvelles voies ferrées, il s'assurerait s'il ne conviendrait pas de commencer par y amener de l'eau ; si, avant de percer un tunnel d'une dizaine de kilomètres, on ne pourrait faire un autre tracé moins dispendieux.

L'un des administrateurs de l'École centrale disait, il y a quelques années, à l'auteur de cette brochure :

« Nos élèves sont d'une faiblesse déplorable en matière de commerce ; et ceux d'entre eux qui connaissent les langues étrangères forment la très rare exception.

« Nous avions été chargés, douze d'entre nous, avec douze ingénieurs anglais, d'aller étudier un projet très important dans le Midi. Vous figureriez-vous, monsieur, que, sur les vingt-quatre que nous étions, il s'en trouva *un seul* connaissant les deux langues, qui servit d'interprète aux autres. »

Eh bien ! chez les ingénieurs allemands, suisses, russes, hollandais, etc., c'est à peine si sur vingt-quatre ingénieurs, vous en trouveriez un ou deux ne parlant qu'une langue.

Pour en revenir aux manufacturiers et aux négociants qui écoulent leurs produits au dehors, il est très dangereux d'attendre que la clientèle vienne vous chercher. Il faut aller au-devant de la clientèle.

Que nous sommes en retard sur ce point !

Nous avons beaucoup de voyageurs qui parcourent la France dans tous les sens ; mais à l'étranger, personne n'en a moins que nous.

Quand une maison française, espagnole, anglaise, écrit à une maison allemande, celle-ci répond toujours en français, en espagnol, en anglais.

Une maison française, au contraire, reçoit-elle une lettre en allemand, en russe, en italien, neuf fois sur dix elle n'a personne qui la comprenne, et il faut battre tout Paris à la recherche d'un interprète, souvent livrer ses secrets à des concurrents.

Et qu'on n'aille pas croire non plus que les notions du commerce soient inutiles à l'agriculteur.

Quels sont les produits du sol qui ne seront jamais sujets à importation ou à exportation?

Le blé vient-il à manquer en France, c'est le rôle du commerçant de découvrir quelle contrée en a à vendre; il en est de même des vins, des huiles, de tout, en un mot.

Une comptabilité agricole rigoureuse est une des conditions indispensables d'une culture bien entendue.

En résumé, le commerce joue un rôle prépondérant dans toute notre économie sociale : dans l'agriculture, dans l'industrie, dans les travaux publics, même dans la bonne organisation d'une armée.

Notre défaite de 1870 n'a-t-elle pas été causée en grande partie par l'organisation défectueuse de l'intendance? Et qu'est l'intendance, sinon le commerce appliqué à l'approvisionnement de l'armée?

J'irai plus loin : je prétends que le commerce est le facteur principal de toute civilisation, et que les peuples qui se sont élevés le plus haut dans les beaux-arts, dans les lettres, ont été des peuples commerçants : la civilisation grecque fut surtout l'œuvre du peuple commerçant d'Athènes; les Israélites, dont l'esprit mercantile se perpétue à travers les siècles, ont excellé de tout temps dans la littérature, dans la poésie, dans la musique, — leur infériorité dans la peinture et la sculpture ne résultant nullement d'un manque d'aptitudes naturelles, mais s'expliquant très bien par la défense de la loi mosaïque, « de se faire des images taillées ou aucune autre ressemblance du Dieu des cieux ».

Les républiques italiennes du moyen âge et de la Renaissance, Venise, Gênes, Pise, Florence, n'ont-elles pas réuni le génie artistique au génie commercial, et la peinture flamande, hollandaise, allemande, n'a-t-elle pas fleuri dans les villes commerçantes et industrielles d'Anvers, de Rotterdam, de Harlem, de Nuremberg?

C'est donc par centaines que l'on devrait compter les écoles de commerce, et les élèves par centaines de mille.

La France est loin de compte avec ses sept écoles spéciales de commerce donnant l'instruction à moins d'un millier d'élèves.

Il nous faudrait tout d'abord avoir une école de commerce dans tous les centres commerciaux et industriels; les villes importantes : Lyon, Marseille, Bordeaux, Lille, Rouen, le Havre, Reims, Nancy, etc., en auraient plusieurs; Paris en compterait au moins autant que d'arrondissements.

Si l'éducation commerciale est insuffisante pour les garçons, elle est nulle pour les filles; là tout est à faire, à créer, — et pourtant on sait quels services nos jeunes Françaises pourraient nous rendre avec une bonne préparation, quelles aptitudes naturelles elles ont pour le commerce. Sous ce rapport, comme nous l'avons déjà dit pour l'industrie, les

Françaises sont sans rivales. Quand on leur aura enseigné les langues, au lieu d'en être réduites à perdre leur jeunesse dans les ateliers de modes, de couture ; au lieu d'encombrer la carrière très honorable, mais peu lucrative, de l'enseignement ; au lieu surtout de prendre le voile lorsqu'elles désespèrent de se faire une position par elles-mêmes, d'avoir une famille avec ses douceurs, mais aussi avec ses peines, ses soucis, ses responsabilités ; au lieu de toutes ces carrières stériles où échouent et s'enterrent nos belles jeunes filles, nous les verrions travailler au développement de notre commerce, s'établir pour leur compte, une fois l'expérience acquise, diriger elles-mêmes des maisons de commerce ; beaucoup s'en iraient aux colonies, où un avenir brillant leur serait ouvert, où la plupart d'entre elles trouveraient à se marier ; d'autres iraient fonder des établissements commerciaux dans tous les pays du monde où règnent nos modes, où notre goût sera toujours prépondérant : en Russie, en Égypte, dans les deux Amériques, même en Allemagne. Ceux qui ont habité ce dernier pays savent quel prestige y exerçait la France avant la guerre ;— et si nous y avons un peu baissé depuis, ce n'est qu'une affaire momentanée ; notre influence s'y infiltrera de nouveau, on n'en saurait douter.

Nous aurons donc dans chaque école de commerce deux subdivisions : une pour les garçons, et une seconde pour les filles.

Autant que possible, on les installera dans deux bâtiments contigus, comme on l'a fait pour l'enseignement primaire, afin que les mêmes professeurs puissent faire leurs cours dans les deux divisions.

Les filles étant, en général, plus précoces que les garçons, on les admettrait une année plus tôt à l'école de commerce, — de treize à seize ans, — et les garçons de quatorze à dix-sept ans.

L'opinion en France est hostile à l'admission des élèves étrangers. Depuis surtout qu'on tend à introduire partout la gratuité, cette hostilité paraît devoir augmenter. Et cependant plusieurs pays voisins se sont créé des ressources importantes par leurs pensionnats.

Genève, Lausanne, toute la Suisse, — les bords du Rhin, la Saxe, le Wurtemberg, la plupart des pays allemands, ont des milliers de pensionnats florissants. C'est même l'industrie principale d'une foule de petites villes : Morges, Vevey, la Neuville, Celle, Neu-Wied, etc.

Mais là-bas il n'est pas question de gratuité : tous les parents qui en ont les moyens paient ; — les indigents seuls sont exonérés de la rétribution scolaire ; — dans certains endroits, *les étrangers paient le double*, ce qui me paraît de toute justice, puisque leurs parents ne participent à aucune des lourdes charges imposées aux habitants du pays.

Loin d'être une charge pour l'école, ils contribuent largement à sa prospérité matérielle. Il est donc à présumer que nous verrions disparaître cette hostilité en France si nous en supprimions la cause.

Les étrangers qui s'habituent de plus en plus à prendre la route d'Allemagne et de Suisse, nous reviendraient, car il n'est pas de ville qui leur offre

autant d'avantages que Paris, où l'on ne saurait faire
un pas sans rencontrer les merveilles les plus instructives.

Qu'on ne s'y trompe pas, cet enseignement par les
yeux, en dehors des classes, est le meilleur, parce
qu'il ne s'impose pas par un règlement ou un programme. On peut le prendre ou le laisser, — liberté
absolue, — et la liberté est après tout le meilleur sti-
mulant pour l'étudiant qui accepte tout, à la condition
qu'on ne lui impose rien.

IV

Recrutement du personnel enseignant.

Quand j'ai parlé de fonder des écoles de commerce
dans toutes les principales villes de France, on m'a
répondu :

Votre projet est aussi magnifique qu'illusoire. En
admettant que vous trouviez les capitaux nécessaires,
comment réunirez-vous un personnel ?

Nos professeurs de l'Université n'ont pas fait les
études nécessaires ; d'ailleurs, le personnel de l'Université est à peine suffisant pour nos écoles publiques.

Ces objections seraient fondées à coup sûr, si l'on
voulait pourvoir aux chaires vacantes dans l'enseignement commercial par les moyens en usage dans l'U-
niversité. On se trouverait, pour ainsi dire, en face
du néant. Il vaudrait autant y renoncer tout de suite ;
et, ce qu'il y a de pire, dans cinquante ans, dans un

siècle, on en serait encore au même point, sans avoir fait un pas en avant.

Cela serait évidemment très grave. En tournant dans ce cercle vicieux, la France courrait le risque de n'avoir jamais un enseignement commercial sérieux.

Heureusement, la situation est moins critique qu'on ne la représente.

Le personnel existe, — un personnel brillant, un personnel de premier ordre : il n'y a qu'à le savoir trouver.

Le moyen en est même très simple : c'est celui qui est en usage dans la plupart des cantons suisses ; c'est également, jusqu'à un certain point, celui qu'a choisi, depuis quelques années, le Conseil municipal de Paris pour les écoles de la Ville.

Vous fondez une école de commerce.

Vous prenez à bail un local ou vous construisez.

Vous établissez un devis des dépenses nécessaires, suivant le nombre d'élèves que vous êtes en droit d'espérer, et du nombre de professeurs à nommer.

Après quoi, vous ouvrez un concours.

Vous annoncez dans les journaux qu'à telle date, il y aura à X... des examens en vue de pourvoir à dix, vingt places de professeur, suivant l'importance de l'école ; vous indiquez que les examens, *essentiellement pratiques, seront des leçons données à une classe.*

Il est bon d'insister sur ce dernier point.

Des examens organisés comme ceux que l'on subit à la fin des études pour obtenir des grades universitaires seraient très mal compris, car ils mettraient dans une grande infériorité les anciens instituteurs, qui ont pour eux l'expérience, la seule chose probante en matière d'enseignement ; tandis que les jeunes, la mémoire bien meublée, frais émoulus du collège, auraient pour eux tous les avantages.

Les examens pour repourvoir à une vacance doivent avoir un tout autre caractère, une tout autre signification.

Vous faites connaître le traitement alloué à chaque place, ou, préférablement, pour établir parmi le personnel cette confiance qui naît de l'égalité, vous indiquez le traitement annuel d'une heure de leçon par semaine.

Tous les professeurs sont payés au même taux, sauf ceux dont les cours n'exigent ni préparation ni correction de devoirs : la calligraphie, la gymnastique, etc. La différence de traitement ne peut donc provenir que d'une différence dans le nombre d'heures de leçons, et le professeur insuffisamment occupé ayant la faculté de chercher un supplément de travail dans d'autres écoles, il n'en résulte aucune jalousie envers les collègues, puisque aucun n'est favorisé au détriment des autres.

On annonce aussi *que tous les titres seront admissibles* par la commission d'examen : brevets, diplômes, certificats, publications ou autres travaux pédagogiques, etc.

Cependant, pour éviter l'encombrement qui pourrait se produire, surtout dans certaines villes d'un séjour recherché, si le nombre des candidats à telle ou telle chaire était trop élevé, la commission d'examen serait autorisée à le réduire à 15 ou 20, par voie d'élimination de ceux dont les titres lui paraîtraient les moins satisfaisants.

Ce mode de nomination, le plus équitable, le plus démocratique de tous, offre encore l'immense avantage de faire appel à l'*enseignement laïque privé*, si durement traité depuis quelque temps, si intéressant et souvent si remarquable.

Pompée se vantait de n'avoir qu'à frapper du pied le sol pour en faire surgir des armées.

César, plus avisé, se servit des vieilles légions aguerries de Rome, et il remporta la victoire.

Sans professer une admiration exagérée pour le perfide vainqueur des Gaules, nous nous inspirerons pour une fois de son exemple.

Nous ferons à la vérité surgir de terre notre personnel, comme par enchantement ; mais ce sera en utilisant indistinctement toutes les forces existantes, toutes les forces vives de l'enseignement public ou libre ; car nous savons bien qu'on n'improvise pas un instituteur en quatre jours : on *naît* rôtisseur ; on *devient* éducateur.

Nous rendrons ainsi un immense service à la France, tout en rétablissant la fortune de gens dignes de la sympathie, de l'estime de leurs concitoyens pour avoir embrassé une carrière d'abnégation, pour avoir dévoué leur vie aux intérêts les plus sacrés de l'enfance, et qui étaient en droit de s'attendre à d'autres procédés de la part d'un gouvernement républicain.

Pour l'enseignement des langues étrangères, il de-

vient indispensable d'admettre les **étrangers aux con-**
cours.

On pourrait toutefois en exclure les *Allemands
d'Allemagne*, pour donner satisfaction aux griefs ac-
tuels de la France. Il y aurait à cela d'autant moins
d'inconvénients qu'on n'aurait que l'embarras du
choix pour réunir des professeurs de langue allemande,
entre les Alsaciens, les Suisses, les Autrichiens, les
Russes des provinces baltiques.

Sans l'élément étranger, on n'arrivera jamais à
faire parler les langues dans nos écoles.

Les nationaux sachant bien l'anglais, l'allemand,
l'espagnol, etc., ne manquent pas; mais comment
voulez-vous qu'ils parlent constamment une langue
étrangère à des élèves de même langue qu'eux?

Insensiblement, sans qu'ils s'en aperçoivent, ils se
laissent glisser sur la pente, ils parlent de nouveau
français à leurs élèves, et tout est perdu : *les langues
ne s'apprenant que par la conversation.*

Pour reconnaître la nécessité de cet élément dans
nos écoles, on n'a qu'à examiner les immenses services qu'ont rendus les étrangers à leur pays d'adoption : les Scots (c'est-à-dire des ressortissants de la
noble race irlandaise) au moyen âge, les Suisses français depuis deux siècles, en Russie, en Allemagne,
en Angleterre, en Amérique; les Français en Angleterre, où ils viennent de fonder une société qui n'a
qu'un défaut, à notre humble avis, celui d'avoir pris
le nom de *Nationale*, faisant ainsi une concurrence
que l'on pourrait qualifier de déloyale, puisque ce
n'est que la concurrence *du nombre* contre des collè-

gues non moins méritants, s'ils sont en minorité : les Suisses français, les Belges, les Canadiens.

Plus nous aurons de professeurs étrangers dans nos écoles de commerce, mieux nos élèves seront préparés pour les langues et, par conséquent, moins les chefs de maisons de commerce auront besoin de s'adresser aux employés étrangers pour leurs relations internationales.

Le nombre de ces employés auxquels nous devrons avoir recours sera *en raison inverse* du nombre des professeurs de langues étrangers que nous aurons admis dans nos écoles.

En calculant en moyenne à 50 les élèves formés annuellement par un professeur, on voit dans quelle proportion diminuera notre dépendance de l'étranger pour la composition d'un bon personnel d'employés, et quel avantage immense en résultera pour nos employés nationaux.

V

Budget des écoles de commerce.

Les écoles de commerce seront-elles créées et entretenues aux frais de l'État, — ou subventionnées, — ou enfin devront-elles pourvoir à leur entretien ?

De ces trois systèmes, le premier est en faveur en France, pour ce qui concerne l'Université.

Bien des gens croient qu'avec la gratuité *absolue*, on arrivera à des résultats merveilleux, inconnus jusqu'à ce jour.

D'autres voudraient que la rétribution scolaire fût faible et que l'on pourvût au déficit par des subventions de l'État ou des communes.

D'autres enfin, — et je suis du nombre, — pensent qu'il est très dangereux d'ôter aux parents et même aux enfants toute responsabilité morale, parce qu'ainsi on arrive à l'*indifférence des parents, des enfants, des professeurs*.

Les parents se disent : A quoi bon s'inquiéter de ce qui se passe à l'école, — les études de nos enfants ne nous coûtent rien? Insensiblement, la surveillance se relâche, on fait manquer les cours sous le moindre prétexte. Qu'importe si les résultats sont médiocres à la fin de l'année? On n'a rien payé, — on *croit* n'avoir rien payé, — ce qui n'est pas tout à fait la même chose, il faut en convenir. Et en examinant bien, on ne manquerait pas de découvrir cette grande vérité que l'éducation soi-disant gratuite, ce qui signifie qu'elle tire ses ressources de la poche des contribuables, est celle qui coûte le plus cher.

Il n'y a pas d'éducation gratuite.

Ne craignez-vous donc pas, parents imprudents, de compromettre votre considération chez vos enfants?

Ne craignez-vous pas qu'ils ne vous disent un jour : Que nous parlez-vous de reconnaissance? Nous ne vous devons rien ; vous n'avez rien payé pour nous élever. Le peu que vous avez fait nous aurait été accordé par d'autres si vous nous aviez abandonnés.

Les professeurs eux-mêmes, sachant qu'ils toucheront leur maigre traitement que leurs cours marchent bien ou qu'ils marchent mal ; que leur avancement dépend bien moins de la bonne tenue de leur classe que de la protection dont ils seront l'objet en haut lieu, mettront toute leur attention à se faire patronner et se préoccuperont médiocrement du reste.

Je dirai ouvertement ma pensée : il n'y a rien de bon à attendre ni de la gratuité absolue, ni du système des bourses accordées à la suite d'un concours; et tôt ou tard, le pays sera ramené au seul système vraiment moral, vraiment démocratique, qui consiste à dire :

Une école doit se suffire à elle-même.

La rétribution scolaire est calculée de manière à laisser un excédent dès que l'école aura acquis son fonctionnement normal.

Les élèves étrangers paient le *double* des élèves français.

Aucun élève français ne peut être exclu pour cause d'indigence.

Tous les élèves qui ont satisfait aux conditions requises sont admis aux examens d'entrée.

Les parents des élèves déclarés admissibles qui veulent être exonérés totalement ou en partie de la rétribution scolaire, doivent en faire la demande à l'autorité compétente, qui statuera sur la validité de la demande.

Le déficit qui résulte de ces exemptions dans le budget de l'école est comblé par une caisse spéciale établie à cet effet *par les fondateurs de l'école*, que ce soit l'État, la commune, des syndicats professionnels ou l'initiative privée.

VI

Les fondateurs des écoles de commerce.

Les écoles de commerce peuvent être créées, ainsi que nous venons de le dire, par l'*État*, c'est-à-dire par le ministère du commerce, par le *département*, par la *commune*, par les *syndicats professionnels*, par l'*initiative privée*.

Il nous semble qu'aucun de ces modes de création ne devrait être repoussé systématiquement, sauf peut-être celui de l'État, parce qu'une fois entré dans cette voie, il serait forcément conduit à s'emparer de la direction de toutes les écoles de commerce.

En laissant, au contraire, à chaque département, ou, pour mieux dire, à chaque région sa liberté d'action, on pourrait espérer en peu de temps d'excellents résultats.

Il ne manque pas, dans tous nos grands centres commerciaux et industriels, d'hommes de bonne volonté qui prendraient la première initiative de ces créations et qui pourraient, suivant les cas, faire adopter leurs projets par les autorités départementales, municipales, ou par les notabilités du commerce et de l'industrie.

Il en résulterait une émulation, une activité, et aussi une *variété* dans chaque département, qui ne pourraient que contribuer au progrès général de la France.

Nous soulignons le mot *variété*, parce qu'on a cru

trop longtemps en France que l'*uniformité* était un avantage en matière d'éducation, tandis que c'est le contraire.

Rien n'est mortel à la science comme l'uniformité qui tue toute originalité, toute initiative individuelle; en revanche, rien ne contribue plus à donner de la vie, du mouvement, de l'animation aux études que la variété; à la condition, toutefois, que la centralisation ne soit plus admise pour les examens, et que chaque école organise chez elle ses épreuves de fin d'année, en conformité avec les cours suivis par ses élèves.

VII

Organisation de l'enseignement commercial à Paris, en province et aux colonies.

Nous avons dit en commençant que les grandes villes, telles que Paris, Lyon, Marseille, Lille, Bordeaux, etc., comporteraient la création de plusieurs écoles de commerce.

Dans notre idée, afin de doter la France d'un vaste enseignement commercial et de donner satisfaction à tous les intérêts : à ceux de la banlieue, à ceux du département aussi bien qu'à ceux de la métropole, on devrait établir des écoles de commerce autonomes dans toutes les villes principales, et des écoles préparatoires dans toutes les villes d'importance secondaire.

Prenons comme exemples trois départements :

La Seine ;

Le Nord ;

La Marne ;

Le premier avec un centre immense et plusieurs cantons populeux ;

Le second avec plusieurs villes importantes : Lille, Roubaix, Tourcoing, Valenciennes, Dunkerque, etc., qui toutes comporteraient la création d'une ou plusieurs écoles autonomes, — et plus de vingt centres industriels où des écoles préparatoires rendraient les plus grands services ;

Enfin la Marne avec sa grande ville de Reims, où serait naturellement l'école de commerce centrale, avec des succursales à Châlons, Épernay, etc.

Il est évident, d'ailleurs, que toute école préparatoire qui prendrait assez de développement pour se suffire à elle-même serait libre de s'organiser en école autonome, avec des cours de trois ans et des certificats de fin d'études.

L'ENSEIGNEMENT COMMERCIAL DANS LE DÉPARTEMENT DE LA SEINE

L'Institut commercial de la Seine serait un *externat*.

Il recevrait dans deux corps de bâtiments, autant que possible contigus :

Des garçons de 14 à 17 ans ;

Des filles de   13 à 16 ans.

Des sections seraient créées au fur et à mesure des besoins :

Près de la gare Saint-Lazare ;

Entre les gares du Nord et de l'Est ;

Entre les gares de Vincennes, de Lyon et d'Orléans ;

Entre les gares de Sceaux et de Montparnasse ;

Et dans d'autres quartiers, dès que les écoles mentionnées ci-dessus auraient trop d'élèves.

Les études seraient basées sur la connaissance pratique des langues étrangères, et les professeurs, exclusivement laïques, nommés à la suite d'un concours organisé sur le plan développé au chapitre IV, p. 26.

Il y aurait un *directeur général* pour l'Institut commercial de la Seine ; un *sous-directeur* pour chaque section de garçons ; une *sous-directrice* pour chaque section de filles, et dans chaque division des écoles de filles, une *maîtresse* de classe.

Certains cours des écoles commerciales de filles pourraient être confiés à des institutrices.

Les professeurs de comptabilité seraient tenus de savoir au moins une langue étrangère.

Il n'y aurait pas de préfet des études. Il serait remplacé par la *conférence* (éventuellement hebdomadaire) des professeurs.

La rétribution scolaire serait assez élevée pour que l'école pût vivre de ses propres ressources, quand le nombre des élèves atteindrait le chiffre de deux ou trois cents.

Un *musée des échantillons*, devant servir alternativement aux garçons et aux filles, serait installé dans l'école.

Quand les ressources de l'école le permettraient, ce

musée pourrait se composer d'autant de salles que de grands pays du globe, chaque salle contenant les principaux produits du pays auquel elle serait affectée.

A la fin de chaque année d'études, un *compte rendu* sommaire des cours formant le *véritable programme enseigné* à l'école serait imprimé et envoyé aux parents comme invitation aux examens.

Les promotions d'une classe à une autre se feraient d'après la *moyenne des résultats de l'année*, et non à la suite ou comme conséquence des examens.

Il n'y aurait ni distributions de prix ni récompenses matérielles pour les élèves.

Elles seraient remplacées à la fin de chaque année par la fête des examens, à laquelle seraient conviés, *par les élèves, sous le contrôle de la direction*, les professeurs, les parents et les amis de l'école.

(L'auteur de ce projet a pu constater en Allemagne et en Suisse l'excellent effet de ces invitations par les élèves au point de vue de leur tenue et de leur dignité.)

ÉCOLES PRÉPARATOIRES DANS LA BANLIEUE

Les villes importantes du département : Saint-Denis, Boulogne, Levallois, etc., pourraient établir des *sections indépendantes* de l'Institut commercial de la Seine, avec trois années d'études, — ou des *écoles préparatoires*, avec des cours de deux années, et l'entrée de plein droit, sans nouvel examen, dans l'Institut central, pour les élèves qui voudraient faire une troisième année.

Il serait bon, d'ailleurs, que ces écoles préparatoires pussent délivrer des certificats aux élèves qui voudraient entrer directement dans le commerce au bout de deux années d'études, sans passer par l'école de Paris.

L'ENSEIGNEMENT COMMERCIAL EN PROVINCE

Département du Nord.

De tous les départements de la France, le Nord est celui qui comporte le plus grand nombre d'écoles de commerce autonomes et aussi d'écoles préparatoires, eu égard à son étendue et aux occupations de ses habitants.

Lille, Roubaix, Tourcoing, Dunkerque, Valenciennes, Douai, Cambrai, Maubeuge auraient chacune leur école ; Lille et Roubaix pourraient même en avoir deux ou trois.

Des cours préparatoires seraient organisés, en outre, à Wattrelos, Anzin, Denain, Saint-Amand-les-Eaux, Fourmies, le Cateau, Hazebrouck, Gravelines, etc.

Des classes de tissage seraient avantageusement annexées à plusieurs de ces écoles.

Dix années de ce régime scolaire mettraient ce grand département à la tête du mouvement industriel et commercial de l'Europe, et un résultat si considérable pourrait être obtenu avec des sacrifices relativement minimes, notre système consistant à rendre les écoles de commerce *presque indépendantes* : l'intervention financière des fondateurs n'étant nécessaire que pour les premières années ou pour les élèves français indigents.

On serait d'ailleurs surpris du petit nombre de parents qui réclameraient des exemptions totales pour leurs enfants.

Aucun argent n'est mieux employé que celui que l'on consacre à l'éducation, et, une fois cette dépense sacrée inscrite au budget de la famille, les parents paient sans s'en apercevoir, pour ainsi dire.

J'en prends à témoin ce qui se passe en Suisse, en Allemagne, où l'éducation n'est si remarquable qu'*en raison de ce qu'elle y coûte très cher.*

Département de la Marne.

Après le département du Nord, avec ses nombreux centres commerciaux et industriels, nous choisissons la *Marne*, qui n'a qu'une ville de premier ordre : *Reims*, où serait l'Institut commercial central, à moins que le chef-lieu, Châlons, ne préférât aussi avoir son école autonome, ce qui ne serait pas sans avantage pour les villes voisines.

Épernay, Vitry-le-François, Sainte-Menehould, Sezanne, Aÿ rivaliseraient de zèle pour créer chacune leur école préparatoire.

Nous avons choisi ces trois départements comme types de ce qui pourrait être fait dans tous les autres.

L'ENSEIGNEMENT COMMERCIAL AUX COLONIES

Les colonies offriraient à certains égards un terrain mieux préparé pour y établir des écoles de commerce que la métropole.

Celui qui consent à s'expatrier, soit pour toujours, soit avec une arrière-pensée de retour, n'a presque jamais d'autre but que de faire fortune, et, de toutes les carrières qui peuvent conduire à la richesse, aucune n'est comparable au commerce.

Les colons n'ont pas non plus ces préjugés d'une vieille société, qui sont une entrave si redoutable pour l'esprit d'initiative : préjugés de l'aristocratie, du fonctionnarisme, des carrières libérales, tout cela est presque inconnu au delà des mers.

Quant aux populations indigènes, elles seraient trop heureuses de profiter des leçons pratiques de l'enseignement commercial.

Combien cela ne vaudrait-il pas mieux pour elles que le grec et le latin !

Quel avantage pour les Algériens et les Tunisiens de savoir le français, l'espagnol, l'italien ; pour nos colonies d'Amérique, d'Asie et d'Australie, le français, l'anglais et l'espagnol !

Il est clair aussi qu'on aurait soin d'enseigner les principales langues de ces contrées lointaines à nos jeunes Français qui y feraient leurs études : l'arabe surtout si répandu en Afrique et en Asie, le chinois et les dialectes annamites.

L'Algérie n'aurait pas trop de vingt écoles autonomes de commerce et d'autant d'écoles préparatoires ; la Tunisie en comporterait bien une dizaine ; la **Mar-tinique**, quatre ou cinq ; la **Guadeloupe**, autant ; la Guyane, le Sénégal, Taïti, la Nouvelle-Calédonie, Madagascar, une ou deux chacune ; la **Réunion**, l'Inde française, la Cochinchine, avec le Cambodge, l'Annam et le Tonkin, au moins cinq ou six par co-lonie.

On obtiendrait ainsi un total d'une *cinquantaine* d'écoles de commerce coloniales qui nous rendraient les plus grands services, qui nous feraient connaître et aimer des populations indigènes, qui nous permet-traient de nous passer du concours des Allemands, toujours à l'affût des positions à prendre partout où il y a de l'argent à gagner.

VIII

Programme général.

Chaque classe recevra environ 35 heures de leçons par semaine, réparties comme suit :

IIIᵉ CLASSE

Français	4 heures par semaine.
Anglais	4 —
Espagnol.	4 —
Allemand.	5 —
Arithmétique (calcul de tête).	3 —

Géographie. . . . . . . 4 heures par semaine.
Histoire 3   —
Sciences physiques et
    naturelles 3   —
Dessin 2   —
Calligraphie 2   —
(Cours facultatifs d'ita-
    lien, de russe, de
    langues orienta-
    les, etc.)

Total : 34 heures par semaine.

IIe CLASSE

Français . . . . 4 heures par semaine.
Anglais. 3   —
Espagnol 3   —
Allemand. 4   —
Arithmétique (calcul de
    tête). 3   —
Algèbre 2   —
Géographie. 3   —
Histoire 2   —
Physique, Chimie, Etude
    des marchandises, pro-
    venances, débouchés. 2   —
Comptabilité et corres-
    pondance commer-
    ciale. 2   —
Etude du commerce. . . 2   —

Dessin . . . . 2 heures par semaine.
Calligraphie 2   —
(Cours facultatifs comme
   ci-dessus.)

Total : 34 heures par semaine.

Iʳᵉ CLASSE

Français . . . . 3 heures par semaine.
Anglais. 3   —
Espagnol. 3   —
Allemand 3   —
Mathématiques . . . . ꞉ . 3   —
Géométrie 2   —
Géographie commerciale. 3   —
Histoire du commerce. . 2   —
Chimie et étude des mar-
   chandises, provenan-
   ces, débouchés 3   —
Comptabilité et correspon-
   dance. 2   —
Etude du commerce, Droit
   commercial, Economie
   politique 4   —
Dessin. 2   —
Calligraphie. 1   —
(Cours facultatifs comme
   ci-dessus.)

Total : 34 heures par semaine.

IX

Nouvelle méthode d'enseignement commercial.

Bien qu'une méthode d'enseignement se démontre avant tout par la pratique, nous terminerons cette étude par quelques explications sur les innovations que nous désirerions contribuer à introduire dans l'éducation de notre jeunesse qui se destine aux carrières commerciales.

La connaissance des langues étrangères formant la base de notre système, il y a lieu de se préoccuper tout d'abord d'en organiser l'enseignement de manière à conduire l'élève dans des cours de trois ans, non pas à savoir uniquement des règles de grammaire — la grammaire étant un moyen et non un but, — mais à *savoir parler*.

C'est la *méthode maternelle*, ou, si l'on veut, la méthode des bonnes d'enfants, méthode à la fois très simple et très compliquée, en ce sens qu'elle exige que le professeur ne se place pas à son point de vue personnel, mais au point de vue de ses élèves.

Le professeur qui passe son temps à leur débiter de beaux discours fait fausse route.

Il peut être brillant, mais il est inutile ; tandis que le professeur qui sait les faire converser est dans le vrai : au bout de six mois, tout élève d'une intelligence moyenne saura se faire comprendre et comprendra.

Dès lors, l'intérêt de la leçon ira augmentant de jour en jour.

On n'apprend pas une langue par la grammaire, mais bien la grammaire après qu'on connaît suffisamment la langue pour en comprendre le mécanisme.

C'est pour avoir négligé cette vérité que l'étude du latin et du grec se fait à contre-sens depuis des siècles dans nos lycées. Cependant, il est juste de reconnaître que cet enseignement s'est sensiblement amélioré depuis quelques années.

Comme pour la langue maternelle, la langue parlée précède la langue écrite.

Un professeur qui sait s'y prendre trouve moyen de faire parler l'élève dès la première leçon.

Il commence par des phrases très simples ; il poursuit par des récits intéressants que les élèves doivent répéter à la leçon suivante, non pas littéralement, mais en donnant le sens général du récit. Le professeur corrige chaque phrase défectueuse. Il met dans les mains de ses élèves une grammaire dite de *conversation*, et un livre de lecture facile annoté en français.

Ces deux manuels suffisent pour la première année.

Les années suivantes, on aborde la littérature générale, la rédaction de lettres ordinaires et surtout la correspondance commerciale.

Cette méthode permet de mener de front *la conversation*, *la lecture*, *la grammaire*, c'est-à-dire l'ensemble des faits de la langue ou ce que l'on désigne à tort sous le nom de règles.

Si l'écriture diffère de la nôtre, comme c'est le cas

pour l'allemand, on enseignera immédiatement à en former les caractères.

C'est une grande faute que de faire écrire l'allemand, le grec, l'arabe, etc., avec des lettres latines. Les lettres propres à une langue lui donnent un caractère particulier, une physionomie qu'on ne néglige qu'au détriment des études. Il est certain que celui qui ne sait pas *épeler* dans une langue étrangère ne *pensera* jamais dans cette langue.

On a prétendu que l'Allemagne renoncerait très volontiers à son alphabet et qu'elle ne continuait à s'en servir que sur l'ordre de Bismarck. C'est attribuer au chancelier une influence qu'il n'a pas, qu'il ne saurait avoir. Toutefois, il est vrai que les livres de science sont généralement imprimés avec des caractères latins, tandis que les livres de littérature le sont avec les caractères gothiques ; mais Bismarck n'est pour rien dans cet usage, qui existait longtemps avant lui.

Il ne faut pas non plus chercher à noter la prononciation, parce que l'élève prendrait une orthographe défectueuse, habitude qui se corrige difficilement.

Mais les langues ne s'apprennent pas seulement dans les leçons qui leur sont spécialement destinées : elles s'apprennent aussi dans les leçons de géographie, d'histoire, surtout de comptabilité.

Vous faites lire et traduire verbalement une page de géographie. Après vous être assuré que les élèves ont bien compris, vous leur donnez cette page à apprendre et vous la leur faites répéter dans la leçon suivante, selon la méthode indiquée à la page précédente.

Quand l'élève est plus avancé, vous lui demandez de faire en langue étrangère des récits de choses apprises dans sa langue maternelle et, plus tard, vous vous bornez à donner un sujet destiné à un exposé, à une amplification dans la leçon suivante.

On ne saurait croire à quel degré cette méthode intéresse les élèves, captive leur attention ; tandis que je défie le professeur le plus éloquent de faire écouter un *quart d'heure* une conférence, par qui que ce soit, pas même par les élèves les mieux disposés.

Combien n'a-t-on pas abusé de la conférence en France, surtout à Paris?

La conférence n'est utile que dans l'enseignement supérieur, avec de vrais étudiants, capables de prendre des notes, de les rédiger, de se les assimiler dans leur cabinet.

Elle est nuisible dans l'enseignement secondaire, où la leçon n'est efficace qu'à la condition d'être faite par interrogations qui tiennent constamment l'attention des élèves en éveil.

C'est là une des causes de l'insuccès, de l'inutilité des cours des mairies; la gratuité en est une autre, parce qu'elle crée l'*irresponsabilité*.

Nous nous proposons d'ailleurs de revenir sur ce sujet important dans un autre ouvrage, où nous traiterons la question à un point de vue plus général.

Il est d'usage en France de prononcer à la française les noms historiques et géographiques étrangers. Les Français, voyageant sur la foi de cette prononciation et la croyant exacte, sont exposés parfois à de grandes méprises, puisque ces mots diffèrent souvent des nôtres non seulement par la prononciation, mais aussi par l'orthographe. Il est assez difficile de reconnaître, dans l'anglais *Leghorn*, le français Livourne ou l'italien Livorno ; dans l'allemand *Lüttich*, Liège ; *Aachen*, Aix-la-Chapelle ; *Haag* (S'Graven-Haag), la Haye ; *Delsberg*, Délémont ; l'*Oldenhorn*, la Becca d'Oden, etc.

Il est indispensable de faire remarquer ces dissemblances aux élèves des écoles commerciales.

Nous avons dit que les professeurs de comptabilité doivent être astreints à la connaissance des langues étrangères, afin de savoir faire de nombreuses comparaisons des termes usités dans le commerce étranger.

Cette connaissance leur devient indispensable dès qu'ils abordent la correspondance commerciale.

Les professeurs de comptabilité et les professeurs de langues peuvent se rendre mutuellement de grands services, ceux-ci en faisant rédiger en langue étrangère la correspondance relative aux sujets traités par ceux-là dans leur leçon précédente.

Voici maintenant la principale innovation à introduire dans l'enseignement commercial :

Les professeurs seront libres, par conséquent responsables.

On ne leur imposera aucun programme ; ce sont eux, au contraire, qui auront le libre choix des matières qu'ils voudront traiter.

On dira à chacun d'eux : Vous êtes chargé d'enseigner l'anglais, l'espagnol, la comptabilité, la géographie commerciale à des enfants de quatorze, de quinze, de seize ans.

Vous êtes seul juge de vos moyens d'action. Nous vous accordons provisoirement notre confiance pendant cette année scolaire, sur la foi des titres et des examens qui vous ont fait nommer à la place que vous occupez.

Nous ne réglerons nos comptes ensemble qu'une fois l'année scolaire révolue ; mais alors nous examinerons attentivement *si oui ou non* vous avez fait progresser vos élèves.

Si la réponse est affirmative, vous serez confirmé définitivement, dans les termes mêmes de nos statuts, à la chaire que vous occupez, sinon vous aurez à vous pourvoir ailleurs dans les six mois.

Quelques semaines avant les examens, le directeur demande au personnel enseignant un résumé sommaire des cours qui ont été professés à l'école de commerce pendant l'année scolaire.

Il le fait imprimer, en y joignant certaines matières intéressant l'institution, telles que : de nouvelles thèses scientifiques ; des récits d'exploration de nouvelles routes commerciales ; des voyages des élèves en France ou à l'étranger racontés par eux-mêmes, etc.

Ce compte rendu, le *vrai programme*, le programme *professé*, *vécu*, est envoyé aux parents et aux amis des élèves comme invitation aux examens.

A la clôture des cours, le dernier bulletin trimestriel a été arrêté par la conférence des professeurs.

Ce bulletin ne contient pas seulement les notes du

trimestre, il forme un résumé des résultats obtenus par chaque élève pendant toute l'année, et c'est de cette moyenne que dépend la promotion d'une classe à une autre, ou l'obtention du certificat d'études pour les élèves de la classe supérieure.

On obtient ainsi un contrôle sérieux, bien préférable à la *loterie* des examens tels qu'ils se pratiquent dans l'Université.

Les élèves qui, pour une raison ou une autre, n'ont pas acquis la maturité nécessaire redoublent leur classe, et il n'est pas un père de famille qui songe à s'en plaindre comme d'une injustice ; il sait bien que, si la conférence des professeurs en a jugé ainsi, elle ne l'a fait que dans l'intérêt bien entendu de l'enfant, et non pour lui infliger une mortification d'amour-propre.

Dans ces conditions, les examens prennent une signification toute nouvelle.

Le jour venu, l'école est préparée, décorée, comme pour une fête solennelle.

Les dessins et les autres travaux des élèves sont exposés dans les vestibules ; le musée commercial est aussi arrangé pour la circonstance.

Tout, en un mot, est disposé pour une véritable parade : les élèves de chaque classe sont réunis dans une immense salle, où les invités ont aussi pris place, et forment, pour ainsi dire, le *jury d'examen*.

L'interrogation est conduite pour chaque branche *par le professeur qui a fait le cours*. Il s'arrange pour poser ses questions de manière à donner successivement à tous les élèves l'occasion de répondre.

Le public, ayant déjà pris connaissance des travaux

des élèves avant l'examen, se rend compte de la méthode de chaque professeur, de l'ordre qui règne dans chaque classe ; de sorte que l'examen est aussi bien fait pour le personnel enseignant que pour les enfants.

Voilà le vrai contrôle auquel personne n'oserait comparer d'insipides distributions de prix !

Les examens terminés, une ou plusieurs journées sont consacrées aux divertissements auxquels tout le monde s'associe avec un enthousiasme qui vous met la joie au cœur.

Dans cet ordre d'idées, je m'abstiendra de donner des indications trop précises, chaque ville, chaque contrée sachant mieux que moi ce qui est de nature à faire plaisir à sa population.

Si l'on voulait cependant aller chercher des exemples à l'étranger, je crois que c'est en Suisse que l'on trouverait les meilleurs.

La fête des promotions dans les plus humbles cités de cette démocratie plusieurs fois séculaire est tout simplement merveilleuse.

La première journée est consacrée aux exercices militaires sur la grande place d'Armes, tous les établissements d'instruction secondaire ayant leur *corps de cadets* armé, non de fusils qui ne partent pas, mais de vrais fusils, de vrais canons, avec lesquels on fait l'exercice à feu, s'il vous plaît, voire la petite guerre.

Trois ou quatre collèges communaux se réunissent pour attaquer un château fort : Chillon, par exemple, qui ne sert guère qu'à cet usage depuis qu'on n'y enferme plus les Bonivards, comme au bon vieux temps chanté par Byron.

Les élèves du *collège cantonal* sont chargés de défendre la place.

La fusillade commence à l'aube : tous les échos des montagnes sont ébranlés par le tonnerre du canon, par le crépitement de la mousqueterie.

A neuf heures, on donne l'assaut ; à dix heures, le château est pris, ainsi le veut le programme ; mais quelle lutte héroïque, homérique, mes amis !

Qui n'a pas vu cela, n'a rien vu : ces pioupious de douze ans, noirs de poudre, le sabre au poing ! Ai-je dit le sabre ? C'était peut-être un coupe-choux. Ces grands artilleurs de quinze ans, à l'air fier et martial, résolus à vaincre ou à mourir.

Mais les portes sont forcées, tout le monde se bouscule pêle-mêle dans la place, autorités, parents, enfants ; il n'y a ni morts, ni blessés, — simplement le capitaine instructeur qui a reçu à bout portant un coup de feu en pleine figure : le voilà tatoué sans frais pour le reste de ses jours.

Une superbe collation est servie dans la salle des Armes ; quand elle est finie, chacun s'arrange à sa guise : les uns rentrent, d'autres finissent la journée dans le voisinage ; jusqu'à une heure avancée de la soirée, vous rencontrez des traînards sur les routes, des familles entières, père, mère, enfants.

Ainsi se passe le samedi.

Le dimanche, les écoles, enseignes déployées, musique en tête, se rendent au temple, appelées par les cloches sonnant à toute volée.

Après une courte allocution du pasteur, les élèves,
filles et garçons, sont reconduits dans le préau du
collège, où on leur donne encore de bonnes choses à
manger, car, à cet âge, on a l'estomac de bonne humeur. — Après quoi, en avant la musique, et les danses
jusqu'au soir.

Le lundi après-midi, on danse encore; mais le
mardi la vie reprend son petit train-train ordinaire.

En voilà jusqu'à l'année suivante, et voilà aussi
comment on prépare les citoyens d'un pays libre.

Après ce petit hors-d'œuvre, amené, sans que je
m'en sois aperçu, au bout de ma plume, par de doux
souvenirs, je reviens à mon sujet pour conclure.

Si des hommes dévoués, comme il n'en manque pas
en France : sénateurs, députés, conseillers généraux,
membres des chambres de commerce, des syndicats
professionnels, commerçants, industriels, voulaient
s'entendre pour doter leur pays d'un enseignement si
indispensable à sa prospérité ; s'ils formaient une véritable coalition, une fédération ayant son centre à Paris
et ses ramifications en province ; si surtout ils agis-
saient promptement, à partir de ce printemps, —
cinq années suffiraient ! pour organiser en France
un enseignement commercial qui n'aurait pas de rival
dans le monde entier, non pas même en Allemagne,
où cependant les premières tentatives de fondation
d'écoles commerciales remontent au milieu du siècle
passé.

Donc, du courage, du patriotisme, et à l'œuvre : il
s'agit du relèvement de la patrie !

TABLE DES MATIÈRES

SOCIÉTÉ ANONYME

DE

L'INSTITUT COMMERCIAL

STATUTS

SOCIÉTÉ ANONYME

DE

L'INSTITUT COMMERCIAL

STATUTS

Édition conforme à celle de 1883

STATUTS

DE LA

SOCIÉTÉ ANONYME

DE

L'INSTITUT COMMERCIAL

DE PARIS

TITRE PREMIER

Objet, Dénomination, Siège, Durée de la Société

ARTICLE PREMIER.

Il est formé entre les contractants et les personnes qui adhéreront aux présents statuts, par la souscription des actions qui vont être créées, une Société anonyme qui a pour objet de créer et régir une institution destinée à préparer des employés et des chefs de maisons pour le commerce intérieur et international, des attachés commerciaux pour les Consulats, des élèves pour l'École des hautes études commerciales et pour l'École centrale des arts et manufactures.

L'École est un externat.

ARTICLE 2.

La Société prend la dénomination de *Société de l'Institut commercial.*

ARTICLE 3.

La durée de la Société est fixée à cinquante ans, à compter du jour de sa constitution définitive.

ARTICLE 4.

Le siège de la Société est fixé à Paris, provisoirement rue d'Uzès, n° 7, et ensuite dans le local qui sera désigné par le Conseil d'administration.

Ce siège social peut être changé et transféré partout ailleurs par délibération de l'Assemblée générale.

TITRE II

Apport, Fonds social, Actions.

ARTICLE 5.

Les soussignés expliquent ici que l'idée de la présente Société émane de M. Truan, l'un d'eux, qui a fait seul tous les travaux, démarches et études préparatoires à sa formation.

En conséquence, M. Truan en fait l'apport à la Société ;

Et en représentation de cet apport, il lui est attribué 200 actions sur celles qui vont être créées.

Ces actions seront entièrement libérées. Il en sera donné récépissé à M. Truan, et elles resteront en dépôt entre les mains de la Société (sans être détachées du registre à souche) tant que M. Truan aura la direction de l'entreprise.

Le jour où il viendrait à donner sa démission de directeur ou à être révoqué desdites fonctions, comme aussi au cas de son décès, les 200 actions représentant son apport seront détachées du livre à souche et remises, soit à lui, soit à ses héritiers (sauf, en cas de décès, l'exercice de la faculté de rachat résultant, au profit de la Société, de l'art. 16); d'ici là, M. Truan ne pourra les aliéner.

Elles jouiront d'ailleurs des mêmes avantages que les autres actions.

Si M. Truan venait à mourir ou à donner sa démission avant d'avoir dirigé l'entreprise pendant dix ans, M. Truan ou ses représentants seraient tenus de payer à la Société une somme équivalente à la valeur d'autant de fois dix actions de la Société qu'il resterait d'années à courir pour terminer ladite période de dix ans. — La valeur de chaque action serait fixée par experts au jour du décès ou de la démission, sans qu'elle puisse toutefois excéder le pair.

ARTICLE 6.

Le fonds social, composé de l'apport en nature fait par M. Truan et du capital en numéraire, est fixé à 400,000 francs et divisé en 800 actions de cinq cents francs chacune; 200 actions étant attribuées à M. Truan, il en sera émis 600 contre espèces.

ARTICLE 7.

Chaque action donne droit, sans distinction, à une part égale dans les bénéfices et dans la propriété du fonds social, et n'engage le souscripteur que pour le montant de sa souscription.

ARTICLE 8.

Le montant des actions est payable au siège de la Société, savoir :

Un quart en souscrivant ;

Et un quart trois mois après la constitution définitive.

250 francs restent en réserve et ne seront appelés que successivement, au fur et à mesure du développement et des besoins de l'entreprise, aux époques et dans les proportions qui seront fixées par le Conseil d'administration.

ARTICLE 9.

Le premier versement est constaté par un récépissé nominatif qui sera, dans les six mois, à partir de la constitution de la Société, échangé contre un titre définitif d'actions également nominatif.

L'appel des second et subséquents versements aura lieu au moyen de lettres missives adressées à chaque actionnaire, et d'un avis inséré au moins quinze jours à l'avance dans l'un ou l'autre des journaux de Paris désignés pour recevoir les annonces légales.

ARTICLE 10.

Tout versement en retard porte intérêt de plein droit en faveur de la Société, à raison de cinq pour cent l'an, à compter du jour de l'exigibilité et sans aucune mise en demeure.

ARTICLE 11.

Toutes les actions sont nominatives même après leur entière libération.

Les titres provisoires ou définitifs sont extraits de registres à souche numérotés, frappés du timbre sec de la Société et revêtus de la signature de deux administrateurs et de celle du directeur.

ARTICLE 12.

La cession des actions s'opère par une déclaration de transfert inscrite sur les registres de la Société et signée du cédant ou de son mandataire, et du cessionnaire ou de ses ayants droit, avec le visa d'un administrateur.

Mention du transfert est faite au dos du titre par l'un des administrateurs ou par toute autre personne ayant une délégation spéciale.

Pour la validité du transfert, le cessionnaire doit être agréé par le Conseil d'administration, qui n'est pas tenu de faire connaître les motifs de son refus.

Dans tous les cas, le souscripteur primitif et ses cessionnaires restent engagés jusqu'au paiement intégral de l'action.

ARTICLE 13.

Les actions sont indivisibles et la Société ne reconnaît qu'un seul propriétaire pour chaque action.

Les représentants ou créanciers d'un actionnaire ne peuvent, sous aucun prétexte, provoquer l'apposition des scellés sur les livres et valeurs de la Société, ni en demander le partage ou la licitation ; ils sont tenus de s'en rapporter aux inventaires sociaux et aux délibérations de l'assemblée générale.

ARTICLE 14.

Les dividendes de chaque action sont valablement payés au porteur du titre.

ARTICLE 15.

Les droits et obligations attachés à l'action suivent le titre, dans quelque main qu'il passe.

La propriété d'une action emporte de plein droit adhésion aux Statuts de la Société.

ARTICLE 16.

Le transfert d'une action ne peut s'opérer qu'avec l'assentiment du Conseil d'administration.

En cas de décès d'un actionnaire, le Conseil aura droit, avant que le transfert soit opéré, d'acheter l'action pour le compte de la Société, en en remboursant la valeur nominale, indépendamment des dividendes, ou prorata de dividendes dus ou courus.

La décision du Conseil devra être notifiée par le directeur à l'ayant droit, par acte extrajudiciaire, dans les huit jours de l'inscription, sur les registres de la Société, de la demande à fin de transfert.

Passé ce délai, si le Conseil n'a pas réalisé l'achat, la Société sera déchue du droit de préférence qui lui est attribué ; le Conseil d'administration ne pourra plus l'exercer, et le nouveau propriétaire pourra exiger le transfert de l'action en son nom sur les registres de la Société.

Les rachats d'actions à opérer, ainsi qu'il vient d'être dit, ne pourront avoir lieu que sur les fonds de réserve, et les actions ainsi rachetées devront être conservées comme valeur de la réserve, jusqu'à ce que le Conseil ait trouvé à les transférer à des cessionnaires agréés par lui.

ARTICLE 17.

Tout actionnaire qui a perdu son titre peut, en justifiant de sa propriété, se faire délivrer par la Société un duplicata, non transmissible, du titre perdu.

TITRE III

De l'Administration de la Société.

ARTICLE 18.

La Société est administrée par un Conseil composé de vingt membres au moins et de trente au plus, nommés par l'Assemblée générale des actionnaires.

Toutefois, les premiers administrateurs seront les personnes ci-après désignées, dont la nomination ne sera pas soumise à l'Assemblée générale, savoir :

1° M

Les fonctions des membres du Conseil d'administration sont gratuites.

ARTICLE 19.

Les administrateurs doivent être propriétaires, pendant toute la durée de leur mandat, chacun de deux actions au moins.

Ces actions sont affectées à la garantie de tous les actes de la gestion et restent déposées dans la Caisse sociale pendant toute la durée des fonctions de leur propriétaire, auquel il en est délivré récépissé.

ARTICLE 20.

Le Conseil se renouvelle par tiers, chaque année, d'après l'ordre d'ancienneté de la nomination. Les membres qui devront sortir la première et la seconde année seront désignés par le sort.

Tout membre du Conseil qui n'aura assisté à aucune séance, pendant une année entière, sera considéré comme démissionnaire et son remplacement sera proposé à l'Assemblée générale.

Les membres sortants pourront toujours être réélus.

ARTICLE 21.

En cas de vacance par décès, démission ou autre cause, le Conseil a la faculté de pourvoir provisoirement au remplacement jusqu'à la prochaine Assemblée générale, qui procède à l'élection définitive.

ARTICLE 22.

Chaque année, le Conseil nomme, parmi ses membres, un président et deux vice-présidents.

En cas d'absence du président et des vice-présidents, le Conseil désigne celui de ses membres qui doit remplir les fonctions de président.

ARTICLE 23.

La présence d'un tiers des membres au moins (non compris le directeur) est nécessaire pour la validité des délibérations qui seront prises à la majorité des voix des membres présents.

En cas de partage, la voix du président est prépondérante.

Si la majorité n'est pas formée du tiers des membres au moins, la minorité peut demander le renvoi à une autre séance. Dans ce cas, les convocations adressées aux membres du Conseil d'administration font connaître l'objet de la délibération, et, dans la nouvelle séance, la délibération est prise à la simple majorité.

Nul ne peut voter par procuration dans le sein du Conseil.

ARTICLE 24.

Les délibérations sont constatées par des procès-verbaux qui sont portés sur un registre tenu au siège de la Société, et elles sont signées par les administrateurs qui y ont pris part.

Les copies et extraits à produire en justice ou ailleurs sont délivrés et certifiés par le président du Conseil.

ARTICLE 25.

Le Conseil a les pouvoirs les plus étendus pour l'administration des biens et affaires de la Société, notamment pour passer et signer, conjointement avec le directeur, tous contrats et actes d'acquisition, d'aliénation, de vente, de baux, de cession de droits mobiliers ou immobiliers, de transfert de rentes ou autres valeurs, d'obligations, d'affectations hypothécaires, de quittances de prix de vente, de mainlevées partielles ou définitives et restrictions et réductions d'hypothèque et de privilège, le tout avec ou sans paiement; de transactions et compromis, de placements et de retraits de fonds. Il peut autoriser toutes poursuites et défendre à toutes actions judiciaires.

Il arrête les comptes qui doivent être soumis à l'Assemblée générale.

Il achète les actions, ainsi qu'il a été dit plus haut (art. 16).

Il statue sur l'emploi des fonds et propose les répartitions de dividendes à l'Assemblée générale.

D'accord avec le directeur :

Il arrête le prix de la rétribution scolaire;

Délibère et statue, s'il y a lieu, sur les demandes ou propositions d'admissions entièrement ou partiellement gratuites;

Arrête le cadre du personnel de l'Administration;

Fixe les appointements, droits et avantages des fonctionnaires, professeurs et employés, fait tous traités à ce sujet;

Nomme l'agent comptable, règle les dépenses courantes et autorise les dépenses extraordinaires.

Le Président du Conseil d'administration représente la Société en justice, tant en demandant qu'en défendant; en conséquence, c'est à sa requête ou contre lui que doivent être intentées toutes actions judiciaires.

ARTICLE 26.

Le Conseil peut déléguer ses pouvoirs à deux ou plusieurs membres pour des objets déterminés et pour un temps limité.

Il lui est en outre permis de se substituer un mandataire étranger à la Société et dont il est responsable.

TITRE IV

Direction.

ARTICLE 27.

Le Directeur est nommé et révoqué par le Conseil d'administration. Toutefois, à dater de ce jour, le premier directeur nommé par les statuts est M. Henri Truan, l'un des soussignés.

Le Directeur doit consacrer exclusivement son temps et ses soins à la direction de l'établissement dans lequel il doit résider.

Il est chargé de la direction des études et de l'administration morale de l'École, ainsi que des rapports avec les familles.

Il se concerte sur les points essentiels de cette direction et de cette administration avec le Conseil d'administration.

Il est chargé de tous les actes qui ne sont pas réservés au Conseil.

Il exécute, en ce qui le concerne, les décisions du Conseil.

Le Directeur exerce dans l'intérieur de l'École et notamment sur les élèves, comme sur les fonctionnaires et employés, une autorité absolue.

Il peut admettre des élèves, mais il ne peut les refuser ni les renvoyer qu'avec l'assentiment du Conseil et, en cas d'urgence, qu'avec l'assentiment d'un membre du Conseil délégué à cet effet.

Il nomme et révoque les professeurs, fonctionnaires et employés, après en avoir référé au Conseil d'administration.

Il propose au Conseil toutes les mesures d'administration qui lui paraissent utiles.

Il surveille l'agent comptable et lui donne ses instructions.

ARTICLE 28.

La situation du Directeur est fixée chaque année par le Conseil d'administration.

ARTICLE 29.

En cas de retraite, décès ou révocation du Directeur, il sera pourvu à son remplacement par le Conseil d'administration.

TITRE V

Des Commissaires de surveillance.

ARTICLE 30.

Il est nommé chaque année, en Assemblée générale, deux Commissaires, associés ou non, chargés de
remplir la mission de surveillance prescrite par la
loi.

ARTICLE 31.

Les premiers Commissaires seront nommés par l'Assemblée générale, qui sera tenue en conformité de l'article 26 de la loi du vingt-quatre juillet mil huit cent
soixante-sept.

TITRE VI

Etats de situation; Inventaires; Composition, Emploi et Répartition des bénéfices.

ARTICLE 32.

L'année sociale commence le premier octobre et
finit le trente septembre suivant.

ARTICLE 33.

Le Conseil d'administration dresse, chaque semestre, un état sommaire de la situation active et
passive de la Société.

Cet état est mis à la disposition des Commissaires.

Il est, en outre, établi à la fin de chaque année sociale, un inventaire contenant l'indication des valeurs mobilières et immobilières et de toutes les dettes actives et passives de la Société.

Cet inventaire est présenté à l'Assemblée générale; et tout actionnaire peut en prendre à l'avance communication au siège social, ainsi que de la liste des actionnaires.

ARTICLE 34.

Le compte annuel servant à établir le bénéfice de l'année sera composé :

AU CHAPITRE DE LA DÉPENSE :

Des frais d'administration ;

Des traitements du Directeur, des professeurs, fonctionnaires ou employés ;

Des intérêts des sommes qui resteraient dues sur tous emprunts qui seraient contractés ; ainsi que sur les prix d'achat et soldes de prix de tous immeubles dont la Société se rendrait acquéreur ;

Du loyer des bâtiments occupés par l'établissement et qui ne seraient pas la propriété de la Société ;

Des frais d'assurances ;

Des frais de réparations, menues et grosses, et des frais d'entretien des immeubles et du mobilier ;

Des sommes appliquées chaque année à l'amortissement du mobilier ;

Des frais de nourriture, logement, chauffage, éclairage et toutes autres dépenses de ce genre ;

Des impositions de toute nature ;

Enfin de l'intérêt à cinq pour cent du capital-actions.

AU CHAPITRE DE LA RECETTE :

Des sommes reçues pour prix de la rétribution scolaire et accessoires de toute nature ;

Du produit des ventes de résidus provenant de l'établissement ;

Du montant des loyers qui pourraient être dus par des tiers pour des bâtiments appartenant à la Société ;

Du revenu des fonds placés pour son compte, notamment de l'intérêt produit par le fonds de réserve ;

Et de toutes autres sommes qui seraient encaissées pour quelque cause que ce soit.

ARTICLE 35.

Sur les bénéfices nets annuels, il est prélevé cinq pour cent du fonds social pour être payés à titre d'intérêts à toutes les actions.

Le surplus des bénéfices annuels formera le fonds de réserve qui va être établi ci-après.

Ce prélèvement sera arrêté par le Conseil d'administration et devra être approuvé par l'Assemblée générale.

Le montant en sera exigible au profit de chaque ayant droit à partir de l'époque fixée par l'Assemblée générale.

TITRE VII

Fonds de réserve.

ARTICLE 36.

Le fonds de réserve se compose de l'accumulation des bénéfices annuels, conformément à l'article 35.

Il est destiné à faire face aux dépenses extraordinaires imprévues; à opérer, s'il y a lieu, l'achat des actions pour le compte de la Société, dans le cas prévu par l'article 16.

Il est affecté :

1° A des améliorations intérieures, à des encouragements et récompenses aux professeurs et fonctionnaires;

2° A l'extension de l'entreprise;

3° A l'acquisition ultérieure, si l'Assemblée générale, sur la proposition du Conseil, le juge utile, d'un immeuble où serait établi le siège de l'Association, ainsi qu'au remboursement ou à l'amortissement de tous emprunts hypothécaires qui pourraient être faits sur lesdits immeubles;

4° A toutes autres dépenses quelconques qui seraient jugées opportunes par le Conseil d'administration, notamment à des voyages d'instruction;

5° Enfin à l'amortissement et remboursement au pair et par tirages au sort des actions de la Société, et ce pour la quantité, chaque année, que le Conseil d'administration déterminera, d'après les ressources disponibles de l'exercice précédent.

Par conséquent, cet amortissement sera laissé à la sagesse du Conseil d'administration et aura lieu ou non, chaque année, selon que la situation pécuniaire le permettra;

Et les actions qui auront été ainsi remboursées au pair, seront remplacées par des actions de jouissance portant les mêmes numéros que celles amorties et qui seront délivrées aux ayants droit dans le mois de la sortie aux tirages et dans les formes prescrites par l'article 11.

Les actions de jouissance auront absolument les mêmes droits que celles non encore remboursées, droits qui sont déterminés par les articles 7 et 38, moins, bien entendu, au capital remboursé et à l'intérêt de ce capital à cinq pour cent l'an.

ARTICLE 37.

En cas d'insuffisance des produits d'une ou de plusieurs années pour donner un intérêt ou dividende de cinq pour cent par action, la différence pourra être prélevée sur le fonds de réserve, mais après la ratification de l'Assemblée générale des actionnaires.

ARTICLE 38.

A l'expiration de la Société, et après la liquidation de ses engagements, le fonds de réserve sera réparti, au marc le franc, entre toutes les actions.

TITRE VIII

Des Assemblées générales.

I

DISPOSITIONS GÉNÉRALES

—

ARTICLE 39.

L'Assemblée générale, régulièrement constituée, représente l'universalité des actionnaires.

ARTICLE 40.

Chaque année, dans le premier trimestre de l'année scolaire, il sera tenu une Assemblée générale ordinaire.

En outre, le Conseil d'administration peut convoquer l'Assemblée générale quand il le juge utile.

Les convocations auront lieu par avis insérés, quinze jours au moins avant la réunion, dans l'un ou l'autre des journaux de Paris désignés pour recevoir les annonces légales, et par lettres missives adressées dans le même délai à chaque actionnaire.

Pour les Assemblées extraordinaires, les avis devront désigner l'objet de la réunion.

ARTICLE 41.

L'Assemblé générale se compose de tous les actionnaires, lesquels sont admis à délibérer et à voter, quel que soit le nombre de leurs actions.

Les votes sont comptés de la façon suivante :

Une action donne droit à une voix ;

Dix actions à deux voix ;

Vingt actions à trois voix, et ainsi de suite, à raison d'une voix par dix actions jusqu'à un maximum de cinq voix, qui ne peut être dépassé, même par un actionnaire qui agirait pour lui ou pour plusieurs actionnaires.

Le Directeur, qui est forcément actionnaire, fait partie de l'Assemblée générale et, comme tel, a voix délibérative sur toutes matières autres que l'approbation des comptes et les questions qui le concernent spécialement.

Il ne peut représenter aucun autre actionnaire.

ARTICLE 42.

L'Assemblée ordinaire ne peut délibérer valablement que si le quart du fonds social au moins y est représenté par le quart des actionnaires présents ou dûment représentés.

Dans le cas contraire, la convocation est ajournée et il y a lieu de recourir à une nouvelle convocation faite à quinze jours d'intervalle. L'Assemblée délibère alors valablement, quels que soient le nombre des actionnaires présents et la portion du capital représenté.

ARTICLE 43.

Nul ne peut se faire représenter aux Assemblées générales que par un mandataire actionnaire (autre que le Directeur).

ARTICLE 44.

L'Assemblée générale choisit elle-même son bureau, qui se compose d'un président, d'un secrétaire et de deux scrutateurs choisis parmi les plus forts actionnaires présents.

Jusqu'à la constitution du bureau, l'Assemblée générale est présidée par le Président du Conseil d'administration, qui désigne lui-même le secrétaire et les scrutateurs provisoires.

ARTICLE 45.

Les délibérations des Assemblées générales ordinaires sont prises à la majorité des voix des membres présents, et en se conformant à l'article 41 pour le calcul des voix.

En cas de partage, la voix du Président l'emporte.

ARTICLE 46.

L'ordre du jour est arrêté par le Conseil d'administration et soumis préalablement aux Commissaires de surveillance.

Il n'y est porté que les propositions émanant du Conseil ou des Commissaires, ou qui ont été communiquées au Conseil cinq jours au moins avant la réunion, revêtues de la signature de six membres de l'Assemblée.

Il ne peut être mis en délibération que les objets portés à l'ordre du jour.

ARTICLE 47.

Les délibérations de l'Assemblée générale sont constatées par des procès-verbaux inscrits sur un registre spécial et signés des membres du bureau.

Une feuille de présence contenant les noms et domiciles des actionnaires, membres de l'Assemblée, et le nombre d'actions dont chacun est porteur, est certifiée par le bureau et annexée au procès-verbal pour être communiquée à tout requérant.

Les délibérations de l'Assemblée générale, prises conformément aux statuts, obligent tous les actionnaires présents ou absents.

CHAPITRE II

ATTRIBUTIONS DES ASSEMBLÉES GÉNÉRALES

—

I. — ASSEMBLÉE ANNUELLE

ARTICLE 48.

L'Assemblée générale annuelle a pour objet :

1° D'entendre le rapport du Conseil d'administration sur les opérations et la situation de la Société, et celui du Directeur sur la marche de l'Institution et les résultats de l'année scolaire écoulée ;

2° D'entendre le rapport des Commissaires de surveillance sur la situation de la Société, sur le bilan et sur les comptes présentés par les administrateurs ;

3° De recevoir et approuver, s'il y a lieu, les

comptes annuels, l'inventaire et les projets de répartition arrêtés par le Conseil;

4° De nommer les membres du Conseil d'administration à remplacer et les Commissaires chargés de la surveillance pour l'exercice suivant;

5° De délibérer et statuer souverainement sur tous les intérêts de la Société et de conférer au Conseil d'administration tous les pouvoirs supplémentaires qui seraient reconnus utiles.

II. — ASSEMBLÉE EXTRAORDINAIRE

ARTICLE 49.

Les Assemblées extraordinaires peuvent être convoquées par le Président du Conseil ou par le Conseil d'administration :

1° Pour prononcer sur les remplacements de membres du Conseil d'administration ou du Directeur;

2° Pour délibérer et statuer sur l'augmentation du fonds social, sur son amortissement total ou partiel avec les bénéfices, sur le renouvellement ou la dissolution anticipée de la Société;

3° Sur des modifications à apporter aux statuts, mais à la condition de ne pas altérer l'essence de la Société et de ne pas en dénaturer l'objet.

Le tout d'après les propositions du Conseil d'administration.

ARTICLE 50.

L'Assemblée générale extraordinaire est composée conformément à l'article 44, mais elle n'est régulièrement constituée que lorsque les membres présents représentent la moitié au moins du fonds social.

Les résolutions, pour être valables, doivent être votées à la majorité des deux tiers des membres présents, les voix étant comptées conformément à l'article 41.

En outre :

S'il s'agit d'augmentation du fonds social, elle ne devra s'effectuer qu'au moyen d'une création de nouvelles actions, qui ne pourront être émises au-dessous du pair, et non au moyen d'un appel de fonds fait aux actions existantes.

S'il s'agit de renouvellement, il ne pourra être voté qu'à la condition que la valeur des actions, telle qu'elle se trouvera fixée par les résultats du dernier inventaire annuel, sera remboursée à ceux qui ne consentiraient pas au renouvellement, et que le capital des actions ainsi remboursées soit fourni par de nouvelles souscriptions, à moins de réduction du fonds social.

Les actionnaires dissidents ne pourront, en aucun cas, exiger la vente de l'établissement et la licitation des valeurs sociales; ils seront tenus de s'en rapporter aux résultats du dernier inventaire.

Le procès-verbal de l'Assemblée mentionnera ceux qui consentiront et ceux qui ne consentiront pas au renouvellement.

Quant aux actionnaires non présents à l'Assemblée, ils auront un mois à partir du jour de la communication qui leur sera donnée dudit procès-verbal, par lettre chargée, pour déclarer qu'ils consentent ou non au renouvellement et s'ils entendent être remboursés. Passé ce délai d'un mois, ils seront considérés comme voulant être remboursés et seront déchus du droit d'opter.

TITRE IX

Dissolution. — Liquidation.

ARTICLE 51.

En cas de perte des trois quarts du fonds social, les administrateurs convoquent l'Assemblée générale de tous les actionnaires, à l'effet de statuer sur la question de savoir s'il y a lieu de prononcer la dissolution de la Société.

La résolution de l'Assemblée est, dans tous les cas, rendue publique au moyen du dépôt et de l'insertion prescrits par les articles cinquante-cinq et cinquante-six de la loi de mil huit cent soixante-sept.

ARTICLE 52.

Dans le cas où les membres présents à l'Assemblée ne représenteraient pas, conformément à l'article 50, la moitié du fonds social, une deuxième Assemblée générale devra être convoquée dans les délais et les formes déterminés plus haut, et elle pourra valablement délibérer, pourvu qu'elle réunisse cette fois le quart au moins des actions représenté par le quart des actionnaires.

Cet article est applicable à toutes les Assemblées extraordinaires.

ARTICLE 53.

A défaut par le Conseil d'administration de réunir l'Assemblée générale, en cas de perte des trois quarts du fonds social, la convocation est faite par les commissaires de surveillance.

ARTICLE 54.

A l'expiration de la Société, ou en cas de dissolution anticipée, l'Assemblée générale règle le mode de liquidation et nomme un ou plusieurs liquidateurs.

Pendant la liquidation, les pouvoirs de l'Assemblée générale se continuent comme pendant l'existence de la Société.

Tous les biens et valeurs de la Société sont réalisés par les liquidateurs, qui ont, à cet effet, les pouvoirs les plus étendus, et le produit, après le prélèvement des frais de liquidation, en est réparti aux actionnaires.

ARTICLE 55.

Dans aucun cas, les héritiers, représentants ou créanciers du directeur ne pourront faire apposer aucun scellé sur les locaux, ou propriétés, ou valeurs de la Société, ni provoquer aucun inventaire.

Il ne pourra être apposé de scellés ni fait d'inventaire, en dehors des inventaires annuels, que dans un intérêt social et d'après une décision de l'Assemblée générale.

TITRE X

Contestations.

ARTICLE 56.

Toutes les contestations qui pourront s'élever pendant le cours de la Société ou lors de sa liquidation, relativement aux affaires sociales, sont soumises aux tribunaux compétents de Paris.

Tout actionnaire qui veut provoquer une contestation de cette nature, doit faire élection de domicile à Paris ; à défaut d'élection de domicile de sa part, les actes lui seront valablement signifiés au parquet de M. le procureur de la République près le tribunal civil de la Seine, où cette élection aurait lieu, pour lui, de plein droit.

ARTICLE 57.

Des associés représentant le vingtième au moins du fonds social peuvent, dans un intérêt commun, charger, à leurs frais, un ou plusieurs mandataires d'intenter une action contre les administrateurs, à raison de leur gestion, sans préjudice de l'action que chaque associé peut intenter individuellement en son nom personnel, le tout conformément aux articles dix-sept et trente-neuf de la loi de mil huit cent soixante-sept.

ARTICLE 58.

Tous pouvoirs sont donnés au porteur des pièces pour le dépôt et les publications prescrits par la loi.

PROGRAMME

DE L'INSTITUT COMMERCIAL

DE PARIS

HENRI TRUAN

PROGRAMME

DE

L'INSTITUT COMMERCIAL

DE

PARIS

ÉDITION CONFORME A CELLE DE 1883

INSTITUT COMMERCIAL

DE

PARIS

L'avenir de nos colonies et de notre commerce d'exportation est l'objet des plus graves préoccupations pour les négociants français éclairés.

Pendant que nos jeunes commerçants se contentent fréquemment de médiocres positions dans le pays et y encombrent des carrières improductives plutôt que de faire acte d'énergie en s'expatriant, du moins quelques années, pour aller acquérir l'expérience et les connaissances que les voyages seuls peuvent donner, les nations qui nous entourent ont réussi à former un personnel innombrable d'employés instruits, laborieux, modestes dans leurs prétentions au début, et qui n'hésitent pas à aller parcourir les contrées même les plus lointaines, et souvent à s'y établir définitivement pour y fonder des comptoirs, y soutenir leurs intérêts nationaux et substituer partout leur influence à la nôtre.

Les Anglais et les Allemands surtout nous font une concurrence de jour en jour plus redoutable :

ceux-ci par leur remarquable enseignement commercial qui fournit des comptables et des *chefs de maisons de commerce* au monde entier, sans en excepter Paris et la France ; ceux-là par leur esprit d'initiative, par leur intelligence des affaires, par leur colossale marine marchande, par l'admirable organisation de leurs colonies.

Nous aurions tort de ne pas voir dans ces faits un avertissement sérieux et de rester inactifs et indifférents en présence d'un aussi pressant danger.

Il nous appartient, au contraire, de marcher sur les traces de ces hardis pionniers des derniers siècles, les Cartier, les Dupleix, les Lally, les La Bourdonnais, qui avaient porté si haut le nom français en soumettant à notre domination le cours des grands fleuves d'Amérique et les plus riches contrées de l'Asie.

Rappelons-nous que le grand mouvement colonial des peuples modernes est parti de la France, et que c'est un Français qui vient d'accomplir l'œuvre la plus colossale de civilisation internationale qu'ait connue l'humanité. Nous avons nommé M. de Lesseps.

Ne continuons pas à nous reposer avec une coupable insouciance sur la merveilleuse richesse de notre sol, sur le bien-être général de notre pays et sur notre génie industriel, dans lequel nous nous plaisons à constater que nous gardons encore toute notre supériorité.

Il ne suffit pas de conserver les avantages acquis, il faut progresser à mesure que les autres nations progressent. Si nous ne voulons pas rester en arrière, il n'est que temps d'aviser et de prendre toutes les mesures nécessaires pour nous maintenir au rang que nous assigne notre haut degré de civilisation.

Deux faits principaux s'imposent à notre attention :

1° Nous avons d'importantes colonies qui pourraient être pour nous une source inépuisable de richesse et dont nous ne retirons pour ainsi dire aucun profit.

Pour ne citer qu'un exemple parmi cent autres : Qu'avons-nous su faire de la Guyane, ce pays fertile entre tous, susceptible de nous donner en abondance tous les produits végétaux et minéraux, et de réaliser les rêves des aventuriers du seizième siècle, qui y voyaient le fabuleux pays de l'or, *el dorado ?*

Presque rien. Nous sommes même restés tributaires de l'Angleterre pour *l'arbre de Guyane*, le caoutchouc, dont cette colonie pourrait approvisionner le monde entier.

2° Notre commerce manque de représentants nationaux à l'étranger.

Outre la diminution alarmante de nos maisons de commerce dans des pays où nous avons tenu jadis le premier rang, comme aux Antilles, à la Nouvelle-Orléans, etc., etc., on peut observer un ralentissement dans nos exportations, au lieu du progrès que nous serions en droit d'espérer, « étant donnés l'ac-« croissement de la population, l'augmentation de « la production, le nombre des débouchés nouveaux « et une consommation qui grandit de jour en jour. »

« Notre corps consulaire, nous le constatons avec « regret, n'est pas non plus entièrement à l'abri de « la critique ; dans maintes occasions, il a su digne-

« ment représenter la France ; mais il devrait nous
« communiquer plus de renseignements, nous dire
« quels sont les lieux et les moyens de production,
« nous signaler les ressources de tel ou tel pays, ses
« besoins, ses agissements, en un mot, s'occuper du
« commerce qui est le côté principal de sa mission. »

Nous pourrions certainement citer de très honorables exceptions ; nous avons des consuls qui unissent l'expérience commerciale aux aptitudes diplomatiques ; mais il n'est pas rare qu'au moment même où ils se sont mis au courant de la langue du pays et des besoins de nos ressortissants, on les envoie dans un autre hémisphère, sous prétexte d'avancement.

Un semblable état de choses ne pouvait manquer d'appeler l'attention du gouvernement. Aussi avons-nous appris avec la plus vive satisfaction qu'il prépare un projet de réorganisation de nos consulats.

L'Angleterre a trouvé la solution de ce problème difficile en instituant, à côté de ses ambassades et de ses consuls ordinaires, des *consuls commerciaux*, négociants expérimentés, choisis ou même *nommés* par le commerce, et *agréés* par le Foreign-Office.

Il y aurait peut-être là un bon exemple à imiter.

Les limites d'un simple programme ne nous permettent pas d'insister ; d'ailleurs, le mouvement extraordinaire qui s'est produit récemment dans le monde industriel et commercial, l'extension que vont prendre nos colonies et nos relations commerciales en Afrique, en Asie, peut-être même en Amérique, notamment dans les vastes contrées inexploitées du Haut-Amazone, prouvent jusqu'à l'évidence qu'une éducation plus pratique doit être donnée à nos jeunes négociants.

———

Un devoir qui s'impose impérieusement au commerce français, c'est de seconder le gouvernement à l'exemple des conseils municipaux et de plusieurs chambres de commerce, dans ses efforts patriotiques pour améliorer l'enseignement commercial, cette partie essentielle et si importante de notre éducation nationale.

L'instruction, en général, a fait de grands progrès en France depuis une douzaine d'années.

L'enseignement classique, l'enseignement industriel, l'enseignement primaire, ont été réorganisés d'une manière aussi large que libérale, non seulement à Paris et dans nos grandes villes, mais jusque dans nos départements les plus reculés.

Voyons s'il en est de même de l'enseignement commercial.

———

La classe marchande forme les 38 0/0 de la population totale de la France, soit *quatorze millions* d'âmes !

Or, nous avons jusqu'à présent *huit écoles spéciales de commerce*, savoir :

3 à Paris,
1 à Lyon,
1 à Marseille,

1 à Bordeaux,

1 à Rouen,

1 au Havre.

Personne n'oserait prétendre que ces huit écoles, si bonnes soient-elles, répondent à tous les besoins.

Les Allemands en ont *deux cents*, sur lesquelles *trente-huit académies commerciales*, et cependant ils en créent chaque année de nouvelles.

L'éducation commerciale doit être l'objet d'un *enseignement spécial*, au même titre que l'éducation classique, enseignement ayant pour base :

1° *L'étude pratique des langues modernes*, avec la correspondance commerciale ;

2° *La Comptabilité ;*

3° *La Géographie commerciale ;*

4° *La Connaissance pratique*, acquise par les voyages, des *grandes industries* françaises et étrangères.

Ce sont là les humanités du négociant.

Tel sera, en résumé, le programme de l'Institut commercial.

Nous trouverons les ressources indispensables pour en réaliser la quatrième partie, relative aux voyages, par la création d'une société qui prendra le titre de

SOCIÉTÉ CENTRALE

Pour favoriser le développement de l'enseignement pratique commercial.

Cette société aura aussi pour but :

De créer de nouvelles écoles de commerce à Paris et en province ;

D'accorder des subventions, savoir, la gratuité ou la mi-gratuité, aux élèves qui justifieront de l'insuffisance de leurs ressources ;

De faciliter un séjour à l'étranger aux jeunes Français ayant reçu une bonne éducation commerciale, soit en leur procurant des emplois, soit en leur accordant des subventions de voyage ou même d'entretien pendant un temps déterminé.

Par le moyen de la *Société centrale*, nous pourrons accepter comme élèves, sans distinction de classes sociales ou d'origine, des jeunes gens ayant besoin de faire leur carrière dans le monde, et notamment ceux qui seraient disposés à aller représenter le commerce français à l'étranger.

Nous demandons pour notre œuvre le concours du gouvernement, des conseils-municipaux, des chambres et des tribunaux de commerce, des chambres syndicales et de tous les hommes d'initiative qui ont à cœur la prospérité de la patrie.

Nous espérons que notre appel sera entendu et que le commerce français tout entier tiendra à honneur de s'associer à nos efforts.

Nous nous adressons aussi à nos frères d'*Alsace-Lorraine*. Nous serions heureux de compter en grand nombre leurs enfants parmi nos élèves, et nous n'avons pas oublié que c'est de ces nobles provinces qu'est partie, avant la guerre, la première impulsion en faveur de l'enseignement commercial.

———

ORGANISATION ET PROGRAMME

DE

L'INSTITUT COMMERCIAL

—

L'Institut commercial sera un *externat* fondé par une *Société anonyme*.

Il sera destiné à préparer des *employés* et des *chefs de maisons* pour le commerce intérieur et international, des *attachés commerciaux* pour les consulats, des *élèves* pour l'École des hautes études commerciales et pour l'École centrale des arts et manufactures.

La rétribution scolaire annuelle sera fixée à 800 fr.

Les élèves français ou alsaciens-lorrains et les fils d'étrangers établis en France depuis dix ans au moins, pourront seuls obtenir des subventions.

La durée des études sera de trois ans.

.Les élèves seront admis à partir de quatorze ans.

On pourvoira à l'*éducation physique* des élèves par l'installation d'*un grand gymnase* dans les bâtiments de l'Institut commercial.

Il sera institué une ou plusieurs classes prépara-toires pour les élèves d'un âge inférieur à quatorze ans, ou n'ayant pas les connaissances requises pour suivre avec fruit les cours réguliers de l'Institut commercial.

Les élèves étrangers seront mis en pension chez les professeurs ou dans des familles connues par leur honorabilité.

A la fin de leurs études, les élèves qui auront subi avec succès les examens recevront un CERTIFICAT, et la *Société centrale*, sans prendre d'engagements envers eux, facilitera leur entrée comme employés ou *volontaires* dans des maisons de commerce, ou comme attachés commerciaux dans les consulats.

PLAN D'ÉTUDES

—

Chaque classe recevra environ 35 heures de leçons par semaine, réparties comme suit :

IIIᵉ CLASSE

Français	4 heures par semaine.
Anglais.	4	—
Espagnol.	4	—
Allemand	5	—
Arithmétique.	3	—
Géographie.	4	—
Histoire	3	—
Sciences naturelles . . .	3	—
Dessin	2	—
Calligraphie	2	—

(Cours facultatifs d'ita-
lien, de russe, de lan-
gues orientales, etc.)

Total. . . . 34 heures par semaine.

IIᵉ CLASSE

Français	4 heures par semaine.
Anglais	3	—
Espagnol.	3	—
Allemand.	4	—
Arithmétique.	3	—

Algèbre. . . . . 2 heures par semaine.
Géographie . . . . . . 3 —
Histoire . . . . 2 —
Chimie et étude des mar-
   chandises . . . . . . 2 —
Comptabilité et corres-
   pondance commerciale 2 —
Étude du commerce . . 2 —
Dessin , ... 2 —
Calligraphie . . , , . . 2 —
(Cours facultatifs, comme
   ci-dessus).

            Total . . . 34 heures par semaine.

Iʳᵉ CLASSE

Français . . . . 3 heures par semaine.
Anglais . . . . 3 —
Espagnol. . . . . 3 —
Allemand. . . . . 3 —
Mathématiques . . . . 3 —
Géométrie . . . . 2 —
Géographie commerciale 3 —
Histoire du commerce . 2 —
Chimie et étude des mar-
   chandises . . . . . . 3 —
Comptabilité et corres-
   pondance . . . . . . 2 —
Étude du commerce ,
   Droit commercial, Éco-

nomie politique. . . . 4 heures par semaine.
Dessin. . . . . 2 —
Calligraphie . . . . . . 1 —
(Cours facultatifs, comme
   ci-dessus.)

Total. . . . 34 heures par semaine.

OBSERVATIONS IMPORTANTES

1° Un grand nombre de négociants polyglottes nous ont gracieusement offert d'assister de temps en temps aux leçons de conversation en langues étrangères, qui auront lieu au moins quatre fois par semaine à l'Institut commercial, et de les animer par le récit familier de leurs voyages et de leurs expériences à l'étranger.

2° L'Institut commercial fera, sous les auspices de la *Société centrale*, une *visite hebdomadaire* dans les grands établissements industriels de Paris ou de la province, dont les chefs voudront bien mettre à notre disposition cet excellent moyen d'instruction, et un *voyage de six semaines à trois mois aux Colonies ou à l'étranger* au commencement de la troisième année d'études

BULLETIN

DU

COMITÉ D'INITIATIVE

POUR LA CRÉATION

DE L'INSTITUT COMMERCIAL

BULLETIN

DU

COMITÉ D'INITIATIVE

POUR LA CRÉATION

DE L'INSTITUT COMMERCIAL

ÉDITION CONFORME A CELLE DE 1883

BULLETIN

DU

COMITÉ D'INITIATIVE

POUR LA CRÉATION

DE L'INSTITUT COMMERCIAL

Une réunion générale des *Fondateurs* et *Action-naires* de l'*Institut commercial de Paris* a eu lieu le **22** avril 1882.

Dès le début de la séance, plusieurs membres de l'Assemblée font un exposé très frappant de la crise redoutable que traversent actuellement notre commerce et notre industrie, des causes de cette crise, et des mesures qu'il convient de prendre sans retard pour la conjurer.

Les causes de la crise sont bien connues. Quelques-unes sont accidentelles : les mauvaises récoltes de plusieurs années, le phylloxera, les inondations, les grèves; mais la grande cause du malaise dont nous souffrons, celle que nous devons nous attacher à com-battre sans relâche, sans jamais la perdre un instant de vue, c'est la *concurrence étrangère, surtout la concurrence allemande*.

Tout le monde sait que l'Allemagne, après nous avoir vaincus sur les champs de bataille, a résolu de nous vaincre aussi sur le terrain économique.

Une clause du traité de Francfort, qui passa un peu inaperçue à côté de celle des cinq milliards et de la perte de nos meilleures provinces, c'est *celle qui met l'Allemagne sur le pied de la nation la plus favorisée au point de vue commercial, avec une réciprocité qui n'est qu'apparente pour la France*, et qu'une habile restriction a permis d'éluder. En effet, aux termes de l'*article 11 du traité de Francfort*, l'Allemagne et la France se doivent réciproquement le traitement de la nation la plus favorisée. Or, tandis que nous avions la naïveté de réduire, à l'égard de certaines puissances, nos tarifs de douane, sachant parfaitement que l'Allemagne en profiterait, le gouvernement allemand, au contraire, élevait ses tarifs et n'accordait rien à qui que ce soit dont il nous fût possible de réclamer le bénéfice.

Les conséquences de cette clause perfide ne se firent pas sentir immédiatement, et les Allemands purent organiser leur commerce et leur industrie sans qu'il parût que nous eussions à nous en préoccuper outre mesure.

Le chancelier allemand a tout mis en œuvre pour atteindre son but; il vient même d'envoyer près des grandes ambassades germaniques, notamment à Paris, des attachés spéciaux, « *attachés techniques* », chargés de s'occuper exclusivement de l'industrie et du commerce, et de renseigner leur gouvernement sur ce qui se fait dans les pays où ils sont accrédités. Cette organisation, qui est centralisée par les attachés techniques, a des ramifications dans tous nos centres commerciaux et industriels.

Chose surprenante ! au lieu de nous mettre en garde contre les projets de nos voisins, avec notre insouciance habituelle, nous avons non seulement fermé les yeux pendant longtemps, mais nous avons secondé leurs vues et nous nous sommes faits pour ainsi dire *les auxiliaires de nos rivaux en acceptant sans méfiance dans nos fabriques, dans nos maisons de commerce, une multitude d'employés étrangers, surtout allemands, sous le prétexte très sérieux qu'ils sont mieux préparés, plus instruits et souvent plus capables que nos employés nationaux.* Ainsi, au lieu de chercher le vrai remède à cette situation déplorable en créant des écoles spéciales aussi bonnes que celles d'outre-Rhin, nous continuons, dans un pays démocratique comme le nôtre, à donner à tous nos enfants la même éducation, sans nous préoccuper de la carrière dans laquelle ils seront appelés à utiliser leurs aptitudes.

Il n'est que temps d'aviser et de prendre énergiquement toutes les mesures nécessaires pour développer l'enseignement pratique du commerce et de l'industrie, notamment par la création d'écoles qui puissent rivaliser avec les écoles allemandes.

L'opinion publique est avec nous : les chambres syndicales, les chambres de commerce ont jeté le cri d'alarme : tout le monde sent qu'il faut faire du nouveau, réformer notre outillage commercial, donner un

plus grand essor à l'enseignement commercial et
professionnel.

Tout récemment, l'honorable sénateur des Vosges,
M. Claude, demandait qu'une enquête très sérieuse
de notre situation commerciale et économique fût entreprise sans délai, parce que, si nous attendions le
renouvellement de nos traités de commerce dans neuf
ans, notre industrie aurait le temps de périr deux ou
trois fois dans l'intervalle.

Les faits que nous venons de signaler ont été exposés avec beaucoup d'exactitude par M. de Salicis,
organisateur des *Écoles professionnelles* de la Seine,
dans un discours prononcé par lui dernièrement à
Reims, au retour d'une mission dont l'avait chargé le
gouvernement français en Allemagne et en Norwège.
Il a rapporté sur ce qui a été fait dans ces deux pays
pour supplanter notre industrie des renseignements
effrayants pour l'avenir, et, bien qu'il traite plus particulièrement des écoles professionnelles, nous croyons
devoir reproduire les passages ci-après de son discours
qui s'appliquent avec tout autant de vérité à l'enseignement commercial :

. . . .

Vous savez que l'on répète volontiers que nos 5 milliards
ont servi à grossir le trésor de guerre des Frédéric. C'est une
erreur. Quand on rencontre partout en Allemagne des écoles
neuves, dont le développement est admirable, on doit admettre évidemment que ces écoles n'ont pas surgi du sol comme
par une rosée fécondante. La rosée, ç'a été certainement nos
5 milliards ; car ces écoles ne datent pas de plus de cinq ans,
et les premières années ont été employées à la détermination

des plans et à l'érection des édifices. C'est donc grâce à nos milliards que tous ces établissements fonctionnent.

Je vais prendre comme exemple l'établissement de Hambourg.

Sur l'un des plus beaux emplacements de la ville, on a choisi un vaste terrain; là, on a élevé un palais qui fait l'orgueil de Hambourg. Dans ce palais se trouve l'école professionnelle dont je vous parle. Dans la journée, cette école reçoit des élèves qui sont les élèves réguliers; ils ont de 12 à 18 ou 20 ans. Le soir s'y rendent tous les ouvriers et employés de la ville; ils viennent recevoir l'enseignement professionnel. Il y a là 2,400 élèves, et ce nombre d'élèves se retrouve presque à Berlin. Berlin a 1,800 élèves. Le même nombre se trouve à Munich, à Nuremberg; c'est toujours par milliers que les jeunes gens se comptent sur les bancs de ces écoles.

Pour vous donner une idée du nombre de ces écoliers, voici un fait :

A une séance de la Chambre, un député, le D\ Michel, accusait le gouvernement de ne pas pousser du tout à l'enseignement professionnel ; il lui reprochait, au gouvernement, de se décharger de tous soins sur les *Unions*, ces moyens puissants de l'Allemagne qui sont là-bas ce que la Ligue de l'enseignement est en France. Au reproche du D\ Michel, le commissaire du gouvernement, M. Lither, répondit ceci : « C'est bien à tort que le député Michel nous reproche de ne pas pousser à l'enseignement professionnel dans notre pays; s'il veut consulter nos registres, je lui prouverai que, par le fait même du gouvernement, nos écoles du royaume de Prusse sont fréquentées par 40,000 élèves ! »

Ainsi donc, en Prusse, 40,000 élèves suivent les cours des écoles professionnelles, et si vous faites entrer en ligne de comte le Wurtemberg, le Hanovre, vous arriverez à ce résultat formidable que l'enseignement professionnel compte en Allemagne plus de 100,000 élèves.

Je vous demande à tous ce que nous avons en France, et s'il nous est possible d'établir une comparaison !

Ce n'est pas tout, voilà les renseignements professionnels entendus d'une manière générale, mais je dois préciser davantage.

A ces écoles de Hambourg, il n'y a pas moins de 34 cours différents s'adressant à peu près à toutes les sortes de métiers : des cours pour les horlogers, des cours pour les menuisiers, des cours pour les peintres décorateurs, etc.; imaginez 30 ou 40 métiers différents.

En dehors de ces écoles, il y a encore en Allemagne une institution qui prend un développement extraordinaire, c'est l'école de construction ; Douai en a une également. Mais les écoles de construction se répandent dans toute l'Allemagne, et, à part les élèves des écoles professionnelles, il y a plus de 30,000 élèves fréquentant les écoles de construction, et dans ce mot de construction est sous-entendu tout ce que comportent l'organisation intérieure et l'ameublement. On trouve dans ces écoles des cours pour les couvreurs, les tapissiers, etc. Tous ces cours sont suivis assidument et lancent tous les deux ou trois ans, dans l'industrie allemande, 10,000 ouvriers. Ces ouvriers-là sont non seulement parfaitement exercés dans la pratique de leur métier, mais ils ont le goût cultivé et par conséquent bien supérieur au goût de ceux de nos ouvriers qui pratiquent le même métier.

Me trouvant à Berlin, — je raconte volontiers ce fait-là, parce que je le trouve caractéristique, — me trouvant à Berlin, je demandai à voir le musée professionnel. Il y a trois ans, on avait à Berlin un beau musée professionnel établi dans un vieux bâtiment, une ancienne fabrique de porcelaine; aujourd'hui il y a un musée tout à fait remarquable, tant au point de vue du goût qu'au point de vue de la disposition intérieure. Le directeur de ce musée, voyant la réelle admiration que je manifestais, me dit : « Vous trouvez notre musée très beau, cependant il n'est pas à comparer avec votre musée de Cluny. Je suis allé à votre musée de Cluny, je l'ai visité avec soin, mais j'y ai vu des trésors enfouis dans l'ombre, des frises perdues dans un coin ; toutes ces richesses ne servent absolument à personne; il est interdit de les décrocher, il n'est permis à personne de venir prendre copie de ces chefs-d'œuvre enfouis; ici, tout ce que nous avons est utile, et nous avons eu soin d'annexer à notre musée une école professionnelle, une école d'arts appliqués à l'industrie. »

Voilà la différence entre le procédé français et le procédé allemand! La France regorge de richesses, mais elle ne sait pas s'en servir. L'Allemagne a peu de richesses, mais elle en décuple la valeur par le parti qu'elle en tire! (*Marques d'approbation.*)

J'ai vu dans une ville d'Allemagne une admirable collection de tissus. Cette collection compte 12,000 tissus, dont quelques-uns ont été trouvés dans une pyramide. Tous ces tissus sont collés sur des cartons, après avoir été examinés et étudiés par le directeur lui-même. Ces 12,000 tissus ont de 20 à 22 centimètres, sur 20 centimètres de hauteur; ils sont soigneusement rangés dans les armoires.

Pendant que le directeur me montrait la collection, je voyais installées devant une fenêtre, autour d'une table bien éclairée, six jeunes filles prenant le dessin de ces tissus.

Je demandai: « Ces jeunes filles sont probablement de votre école professionnelle; elles se perfectionnent? »

Le directeur me répondit : « Non, ces jeunes filles sont sorties de l'école, et c'est pour des fabricants qu'elles dessinent. La semaine dernière des fabricants ont trouvé des étoffes qui leur ont convenu, et ils ont envoyé ces jeunes filles en prendre le dessin, afin qu'ils puissent reproduire les mêmes étoffes. »

Voilà comment en Allemagne les richesses ne restent pas enfouies! D'autre part, les Allemands ont presque partout des musées composés de grandes salles où, généralement, sont disposées des armoires avec des tiroirs commodes, des tiroirs larges et plats pouvant recevoir des planches de toutes grandeurs. Nous avons, nous, en France, des ouvrages très remarquables, par exemple les ouvrages de M. Viollet-Leduc. Quelques riches bibliomanes achètent ces ouvrages, ils les envoient dans les bibliothèques publiques, on les met dans des armoires en chêne ou en poirier noir, admirablement reliés; on les voit de dos. (*Sourires.*)

On dit : « Voilà de bien beaux ouvrages ! » Mais à qui servent-ils, ces ouvrages? à quoi sont-ils utiles? A rien, pour la population ouvrière! Vous figurez-vous un ouvrier venant demander à la bibliothèque Mazarine un ouvrage de Viollet-Leduc, désirant le consulter et dessiner quelques planches? Naturellement le bibliothécaire ne comprendrait pas, et il l'éconduirait, peut-être poliment... (*Rires et applaudissements.*)

En Allemagne, il en est tout différemment. L'Union achète en France tout ce que nous produisons de plus beau, des ouvrages dans le genre, par exemple, de ceux dont je vous parlais, tous les ouvrages que vous pourrez voir à Paris, dans cette belle bibliothèque de l'architecture de la maison Morel. Mais les Allemands ne mettent pas ces ouvrages dans de beaux meubles : ils les lacèrent planche par planche, puis ils réunissent les planches, et un exemple va vous montrer comment ils les réunissent. Supposons qu'ils prennent des ouvrages concernant les grilles en fer forgé; ils font trois ou quatre lots de planches, un lot formant le lot gothique, un autre le lot moderne, etc.; ces lots sont encore subdivisés, tous ces lots divers sont mis dans les tiroirs dont je vous parlais.

Il y a, vous le voyez, toute une classification. Maintenant, supposons l'arrivée de l'ouvrier, un serrurier. Le serrurier s'adresse à l'homme de garde qui se trouve dans la salle du musée.

— Je voudrais un modèle de grille.

— Pour quelle destination?

— C'est pour une chapelle funéraire.

— Combien de marks veut-on y mettre?

— Cent, deux cents marks.

— Quel style?

— Style moyen âge.

L'ouvrier et le garde vont au tiroir, prennent le style moyen âge du prix de cent ou de deux cents marks. Quand le choix est fait, l'ouvrier peut dessiner la planche sur place, ou, s'il le préfère, l'emporter pour la dessiner chez lui. (*Applau-dissements.*)

Remarquez-le, voilà un pauvre ouvrier mis tout de suite, sans bourse délier, en possession d'un ouvrage de haute valeur.

Est-ce que vous ne croyez pas que le goût de l'ouvrier va se former au contact de cet ouvrage d'art? Est-ce que vous ne croyez pas aussi que la population elle-même va former son goût à la vue des ouvrages d'art qui l'entourent? Ah! les Allemands n'ont pas l'esprit aussi lourd qu'on le prétend! (*Marques d'approbation.*)

J'insisterai maintenant sur un dernier fait, parce que je crois que ce fait est piquant.

J'étais à Christiania, où je dînais côte à côte avec notre consul et un riche commissionnaire de Paris, parlant parfaitement l'allemand. Ce commissionnaire s'occupait particulièrement des articles de passementerie; je faisais part de mes impressions à ces messieurs. Le négociant, — véritablement Français, — me dit : « C'est vrai, mais c'est bien allemand, voyez-vous! Les Allemands n'ont de l'esprit que dans les tiroirs, tandis que nous, nous avons la note française, et c'est ce qu'ils ne pourront jamais nous enlever! »

Presque aussitôt arrive un Allemand, un Berlinois. Il cause un moment avec mon négociant, et il s'assied à une table voisine; mon interlocuteur me dit: « C'est un riche passementier. Ce coquin-là est venu en France, y a pris des modèles, les a apportés en Allemagne; il a formé ses ouvriers à reproduire ces modèles, et aujourd'hui il m'a enlevé toute la passementerie, je ne fais plus un sou d'affaires! » Alors je répondis: « Heureusement qu'il vous reste la note française. » (*Rires.*)

Voilà une idée rapide de l'Allemagne. Je termine par une simple réflexion : je crois que nous sommes, en effet, une nation extrêmement vive, extrêmement intelligente; chacun de nous peut, pour ainsi dire, se comparer à un lièvre, mais les Allemands sont la tortue !... (*Applaudissements redoublés.*)

CONCLUSION

En présence d'une situation aussi grave et de besoins aussi immédiats, un certain nombre de négociants et industriels, émus de ce danger et désireux de tout faire pour le conjurer, ont pris l'initiative d'étudier les remèdes qu'il était possible d'appliquer, et, dans la réunion du 22 avril, ils ont décidé de réunir tous leurs efforts pour la création d'une école pratique de commerce et d'industrie, par le moyen d'une Société anonyme, à capital variable, sous la dénomination de *Société anonyme de l'Institut commercial*.

Le capital est divisé en actions de 500 francs ; une partie de la somme nécessaire pour ouvrir l'école est dès à présent souscrite par les membres du COMITÉ D'INITIATIVE, qui proposeront le surplus à leurs amis respectifs dans le but d'intéresser le plus grand nombre possible de négociants français au succès d'une fondation *qu'ils considèrent comme nationale*.

ORGANISATION ET PROGRAMME

DE

L'INSTITUT COMMERCIAL

La classe marchande forme les 38 0/0 de la popula‑ tion totale de la France, soit QUATORZE MILLIONS d'âmes.

Or nous avons jusqu'à présent *huit écoles spéciales de commerce,* savoir :

3 à Paris,
1 à Lyon,
1 à Marseille,
1 à Bordeaux,
1 à Rouen,
1 au Havre.

Personne n'oserait prétendre que ces huit écoles, si bonnes soient‑elles, répondent à tous les besoins.

Les Allemands en ont *deux cents,* sur lesquelles *trente-huit académies commerciales,* et cependant ils en créent chaque année de nouvelles.

L'éducation commerciale doit être l'objet d'un *enseignement spécial,* au même titre que l'éducation classique, enseignement ayant pour base :

1° *L'étude pratique des langues modernes,* avec la correspondance commerciale ;

2° *La comptabilité ;*

3° *La géographie commerciale ;*

4° *La connaissance pratique*, acquise par les voyages, des *grandes industries* françaises et étrangères.

Ce sont là les humanités du négociant.

Nous trouverons les ressources indispensables pour en réaliser la quatrième partie, relative aux voyages, par la création d'une Société qui prendra le titre de *Société centrale pour favoriser le développement de l'enseignement pratique commercial.*

Cette Société aura aussi pour but :

De créer de nouvelles écoles de commerce à Paris et en province ;

D'accorder des subventions, savoir, la gratuité ou la mi-gratuité, aux élèves qui justifieront de l'insuffisance de leurs ressources ;

De faciliter un séjour à l'étranger aux jeunes Français ayant reçu une bonne éducation commerciale, soit en leur procurant des emplois, soit en leur accordant des subventions de voyage ou même d'entretien pendant un temps déterminé.

Par le moyen de la *Société centrale*, nous pourrons accepter comme élèves, sans distinction de classes sociales ou d'origine, des jeunes gens ayant besoin de faire leur carrière dans le monde, et notamment ceux qui seraient disposés à aller représenter le commerce français à l'étranger.

Nous demandons pour notre œuvre le concours du gouvernement, des conseils municipaux, des chambres et tribunaux de commerce, des chambres syndicales et de tous les hommes d'initiative qui ont à cœur la prospérité de la patrie.

Nous espérons que notre appel sera entendu et que

le commerce français tout entier tiendra à honneur de s'associer à nos efforts.

Nous nous adressons aussi à nos frères d'*Alsace-Lorraine*. Nous serions heureux de compter en grand nombre leurs enfants parmi nos élèves, et nous n'avons pas oublié que c'est de ces nobles provinces qu'est partie, avant la guerre, la première impulsion en faveur de l'enseignement commercial.

L'Institut commercial sera un *externat* fondé par une *Société anonyme*.

Il sera destiné à préparer des *employés* et des *chefs de maisons* pour le commerce intérieur et international, des *attachés commerciaux* pour les consulats, des *élèves* pour l'École des hautes études commerciales et pour l'École centrale des arts et manufactures.

Les élèves français ou alsaciens-lorrains pourront seuls obtenir des subventions.

La durée des études sera de trois ans.

Les élèves seront admis à partir de quatorze ans.

On pourvoira à l'*éducation physique* des élèves par l'installation d'*un grand gymnase* dans les bâtiments de l'école.

Il sera institué une ou plusieurs classes préparatoires pour les élèves d'un âge inférieur à quatorze ans ou n'ayant pas les connaissances requises pour suivre avec fruit les cours réguliers de l'Institut commercial.

Les élèves qui n'ont pas leur famille à Paris seront mis en pension chez les professeurs ou dans des familles connues par leur honorabilité.

A la fin de leurs études, les élèves qui auront subi

avec succès les examens recevront un CERTIFICAT, et la *Société centrale* facilitera leur entrée comme employés dans des maisons de commerce ou comme attachés commerciaux dans les consulats.

OBSERVATION IMPORTANTE

À la fin de chaque année d'études, un compte rendu sommaire des cours sera envoyé aux parents comme invitation aux examens.

ADHÉRENTS

AU PROGRAMME DE L'INSTITUT COMMERCIAL

MM.

CHAMBON, directeur-gérant de la maison Hartmann et fils.

CHOUËT, maison du Dʳ Pierre.

CLERMONT (OTHON DE), membre de la Commission des valeurs en douane.

COURCELLE-SENEUIL, membre de l'Institut.

DAIX (V.), maire de Neuilly (Seine).

DEHAYNIN (FÉLIX), manufacturier, membre de la Chambre de commerce de Paris.

DIETZ-MONIN.

DURST-WILD, manufacturier.

ENGEL-DOLLFUS, manufacturier.

GABRIEL, adjoint au maire du XIIᵉ arrondissement.

GUICHARD (J.), administrateur de la Compagnie parisienne du gaz.

KOECHLIN-SCHWARTZ (A.), maire du VIIIᵉ arrondissement.

LAZARD (ÉLIE), banquier.

LEBEL, MAHIEU, FEUILLOT et Cᵉ, négociants.

LESSEPS (FERDINAND DE).

LOURDELET (E.), vice-président de l'Union nationale des chambres syndicales.

Ménier, manufacturier.

Monchicourt, administrateur de la Compagnie des allumettes.

Muller (Émile), ingénieur civil.

Person (A.), membre de la Chambre de commerce de Paris.

Schoen (F.), manufacturier, de la maison Scheurer-Rott.

Tabourier (L.), manufacturier, membre de la Commission des valeurs en douane.

Travigné (T.), adjoint au maire du XIᵉ arrondissement, 66, rue des Marais.

Vincent, Ponnier et Cᵉ, manufacturiers.

Wickham (Dʳ Georges), adjoint au maire du IIᵉ arrondissement.

Wolf père, fils et Maunoury, négociants.

LISTE DES ANCIENS ACTIONNAIRES
DE L'INSTITUT COMMERCIAL

OBSERVATION IMPORTANTE : Tous les Souscripteurs au capital initial de 400,000 francs, nécessaire pour la création de l'*Institut commercial*, seront considérés comme fondateurs et jouiront en conséquence des prérogatives attachées à ce titre (art. 36 des statuts).

MM.

AINE (E.), négociant, 1, place Vendôme.

ARBEY (FERD.), manufacturier, 41, cours de Vincennes.

AUBERT (E.), manufacturier, 226, rue de Charenton.

BAUDOT, maire du Ier arrondissement.

BERTAUT (L.), manufacturier, maison Blancard, 40, rue Bonaparte.

BLANCHE (A.), ingénieur, ancien manufacturier, à Puteaux.

BOISSET et NOAILLES, manufacturiers, 22, rue de la Banque.

BOSSUAT et GAUDET, manufacturiers, 6, rue du Sentier.

BOURGIN (E.), manufacturier, à Courbevoie.

BULTEAU (A.), manufacturier, 16, rue du Sentier.

CAMUS (CH.), manufacturier, 2, rue Barbette.

CATELIN AÎNÉ, 13, place de la Bourse.

CHAPPAT et Ce, manufacturiers, à Clichy-la-Garenne.

CHIRIS (LÉON), sénateur des Alpes-Maritimes.

CHOUËT (M.), maison du Dr Pierre, 8, place de l'Opéra.

CLAUDE, sénateur des Vosges.

COUDRET et G. DUCHÉ, manufacturiers, 26, rue du Sentier.

DALSACE, ONCLE et NEVEU, 35, rue du Mail.

DARRASSE (D.), manufacturier, rue Simon-le-Franc.

DAVID (ARTHUR), manufacturier, maison David, Troullier et Adhémar, 27, rue du Sentier.

DAVID et HUOT, manufacturiers, 14, rue d'Aboukir.

DE LAIRE (G.), chimiste, 92, rue Saint-Charles.

DENNERY (L.), négociant, 4, rue de Mulhouse.

DIEUTEGARD (ERNEST et ÉMILE), manufacturiers, 11, rue du Mail.

DREYFUS (A.), manufacturier, 28, rue de Trévise.

ESNAULT-PELTERIE (A.), rue Saint-Fiacre.

FÉLIX, 15, faubourg Saint-Honoré.

FÉRET (ALFRED), négociant, 16, rue Étienne Marcel.

FOLLOT (F.), manufacturier, 8, rue Beccaria.

FRANCFORT, maison Francfort, Élie et Lévi, 36, rue du Sentier.

FRANCILLON (ERN.), manufacturier, maire de Puteaux.

GABRIEL (LOUIS), négociant, ancien adjoint au maire du XIIe arrondissement, 24, quai de Bercy.

GODARD (LOUIS), négociant, 11 *bis*, rue Elzévir.

GUERLAIN, parfumeur, 15, rue de la Paix.

GUILLEMET (JOANNY), fabricant, 33, rue des Jeûneurs.

HARTMANN et FILS, manufacturiers, 32, rue du Sentier.

HOLLANDE (JULES), négociant, 51, rue de Charenton.

LAVEISSIÈRE et FILS (J.-J.), 58, rue de la Verrerie.

LEBON (ÉMILE), fabricant, 15, rue Bouchardon.

LECARON-GELLÉ, de la maison Gellé frères, rue d'Argout.

LÉON (CH.), maison Léon frères, 32, rue du Sentier.

LEPETIT-CHAROLLET, manufacturier, 10, rue du Sentier.

LES FILS de A. GUILLAUMET, manufacturiers, à Suresnes.

LEVALLOIS (E.), négociant, adjoint au maire du IIe arrondissement, 24, rue du Sentier.

LÉVY (E.) et GRAAFF (H. et B. de), négociants-commissionnaires, 13, rue des Petites-Écuries.

LORILLEUX (CH.), manufacturier, 16, rue Suger.

LOURDELET (ERNEST), maison Glaenzer, 35, boulevard de Strasbourg.

MAËS (G.), manufacturier, à Clichy.

MAY FRÈRES, manufacturiers, 14, rue Thévenot.

MÉGROZ et PORTIER, négociants, rue d'Aboukir.

MÉNIER, manufacturier, 6, rue d'Enghien.

MEYER (ÉMILE), manufacturier, 36, boulevard de Strasbourg.

MOCH (CAMILLE), négociant, 2, rue d'Aboukir.

MOGIS (C.), 14, rue Thévenot.

OLIVIER (E.), maison Olivier, Muller et Ce, 14, rue Rambuteau.

PACQUEMENT (CH.), négociant, 20, rue du Sentier.

PERDOUX et Ce, négociants, 40, rue Notre-Dame des Victoires.

PIOT (ED.), constructeur de chemins de fer, conseiller général de la Côte-d'Or.

PONNIER (A.), manufacturier de la maison Vincent, Ponnier et Ce, 30, rue du Sentier.

Ponsolle fils, directeur de la Compagnie de *Contre-Assurances*, 76, rue Richelieu.

Ponsot, imprimeur, 17, rue Bouchardon.

Prot (Paul), de la maison Lubin, 55, rue Sainte-Anne.

Raynaud (A.), manufacturier, 207, rue Saint-Honoré.

Renault (A.), maison Renault et Chaussier, 7, place des Victoires.

Revillon frères, négociants, 77, rue de Rivoli.

Rodier (E.), manufacturier, 1, rue des Moulins.

Roux (Ph.), négociant, 128, rue Amelot.

Salmé et Lépine, négociants, rue Bergère.

Scheurer-Rott et Ce, manufacturiers, 7, rue d'Uzès.

Sieber-Seydoux (H.) et Ce, manufacturiers, 23, rue Paradis.

Tabourier, manufacturier, de la maison Tabourier, Bisson et Ce.

Thomas (Isidore), manufacturier, 23, rue de Reuilly.

Troullier, manufacturier, 28, rue du Sentier.

Truan (H.), 20, rue Jean-Jacques Rousseau.

Viol (A.), maison Viol et Duflot, manufacturiers, 25, rue de Cléry.

LES ÉCOLES

DE COMMERCE

LES ÉCOLES

DE

COMMERCE

PAR

HENRI TRUAN

FONDATEUR DE L'INSTITUT COMMERCIAL DE PARIS

———

NOUVELLE ÉDITION ENTIÈREMENT REFONDUE

LES

ÉCOLES DE COMMERCE

I

But des écoles commerciales.

Les questions d'enseignement sont à l'ordre du jour ; dans la presse, à la tribune, dans les familles, elles ont le privilège de passionner tout le monde. C'est là un heureux symptôme ; trop longtemps elles ont été négligées ou traitées légèrement. A de longs intervalles, on modifiait les lois, il est vrai ; mais l'application donnait peu de résultats. Le peuple français a enfin compris que les destinées de la patrie sont étroitement liées à l'éducation de la jeunesse, et qu'une profonde réforme est nécessaire pour achever l'œuvre de relèvement.

Avec quelle ardeur la lutte s'est engagée ! Voici d'abord les journaux avec leur style brillant, leurs phrases concises et aiguisées, leurs idées parfois paradoxales, mais toujours habilement présentées, leurs éloges tempérés par quelque trait satirique pour éviter le reproche d'adulation ; et à côté, l'opposition aussi indispensable au progrès que la louange, l'opposition qui caractérise la vie des peuples libres et sans laquelle tous les efforts seraient bientôt paralysés par l'indifférence; l'opposition légitime et féconde à condition qu'elle soit loyale, qu'elle se respecte en respectant les autres, qu'elle reste dans les limites des convenances, qu'elle ne croie pas empêcher les innovations en les couvrant de boue et de fiel, mais en cherchant à leur en substituer d'autres qui lui paraissent préférables.

Tous veulent dire leur mot; ne nous en plaignons pas : c'est un droit que chacun exerce; c'est aussi un devoir; celui qui a des idées serait coupable de les garder pour lui dans une aussi grande occasion; en discutant la question sous toutes ses faces, on finira bien par apercevoir le bon chemin.

Vous ne voulez pas des réformes du gouvernement? — Très bien, dites-le franchement; mais dites aussi par quoi vous les remplacez : pétitionnez, fondez des écoles, ouvrez des souscriptions, que vos amis retournent leurs poches, trop pleines encore, malgré la salutaire revision de la fin du siècle passé, de tant d'or accumulé depuis l'an mille, — ils ne peuvent le dépenser pour une plus noble cause, — et soyez tous certains que si les projets des uns et des autres ne se réalisent pas en entier, ce qui en restera, ce qui pourra affronter l'épreuve décisive du temps, sera pour le plus grand bien du pays.

Il faut que le public tout entier entre en lice; ne vous en laissez détourner par aucune considération; vous qui en parlez dans l'intimité, avec vos parents, vos amis, criez encore plus fort, pour ou contre, faites vous entendre au dehors.

Après que le journaliste aura dit ses idées avec la magie d'une plume bien exercée, avec les fleurs de l'imagination, et le philosophe avec la profondeur de ses vues, l'éducateur lui-même se mettra de la partie, et s'il ne sait les orner d'autant d'art, il aura pour lui l'expérience acquise; il pourra lui aussi parler avec autorité.

Une question d'éducation spéciale, celle de l'enseignement commercial, n'a pas encore, à ma connaissance, été l'objet d'une discussion proportionnée à l'importance qu'elle ne manquera pas de prendre prochainement. En attendant qu'elle soit présentée au public par quelqu'un de plus capable que moi, on ne me saura peut-être pas mauvais gré d'exposer les observations que j'ai eu l'occasion de faire à ce sujet depuis vingt ans que je m'en occupe.

Si l'on réfléchit que depuis le neuvième siècle, malgré les profondes modifications sociales et économiques, on en est encore, à certains égards, en France, au système d'éducation imposé à l'Europe par Charlemagne, on comprendra qu'il est temps de mettre la main à l'œuvre et d'y introduire des changements en rapport avec des circonstances nouvelles. Cependant, ainsi que le disait une circulaire ministérielle, il ne faut détruire que ce qu'on peut remplacer; une réforme qui ne s'attacherait qu'à démolir, sous prétexte qu'il y a des lacunes et des abus, serait pire que le mal.

Dans les temps anciens, la vie était moins compliquée : la chasse et la guerre pour les hautes classes, l'agriculture pour les gens de basse condition, souvent pour les femmes. L'éducation se préoccupait avant tout de la force physique, des exercices gymnastiques, de la santé du corps en un mot ; le reste venait de soi, par la vie pratique, par l'exemple des hommes expérimentés, mais la jeunesse restait bien moins de temps que la nôtre sur les bancs de l'école.

Le commerce, cette occupation essentielle de la classe moyenne, ne fut en honneur que chez les Phéniciens ; ce sont eux qui ont eu la gloire d'en reconnaître l'importance, d'en faire une source de richesse, de voyager au loin, de pénétrer jusqu'aux mers dont le nom seul remplissait d'effroi les autres peuples, probablement d'avoir peuplé l'Amérique, cette Atlantide où ils allaient chercher les pierreries et les métaux précieux. Mais leur tentative pour fonder une « bourgeoisie » échoua par l'hostilité des Romains ; Tyr la superbe, la ville de la pourpre et de l'or, n'est plus qu'un misérable village ; Carthage, détruite jusque dans ses fondements, fut à jamais vouée à la malédiction.

Comment se préparaient les jeunes Carthaginois à la carrière du commerce ? Je serais vraiment embarrassé de répondre à cette question, Rome, l'ennemie implacable, ayant balayé les renseignements qui auraient pu nous éclairer comme tout le reste ; jamais nuit ne fût plus impénétrable.

Les peuples modernes, à mesure qu'ils se sont civilisés et qu'ils sont devenus plus nombreux, ont senti la nécessité de se créer de nouvelles ressources; ils ont compris que, s'il y a encore de sottes gens, il n'y a plus de sot métier; que lorsqu'il est question de vivre et de vivre au milieu de la concurrence immense d'une civilisation avancée, il faut recourir aux moyens pratiques, en particulier à la division du travail, d'un côté, d'où résulte une grande production, et, de l'autre, à l'association qui est l'âme de toutes les grandes entreprises modernes. — C'est ainsi que les Anglais ont réalisé l'idée des Phéniciens; après eux tous les peuples d'Occident sont entrés dans la même voie où les suivront bientôt les vieilles races de l'Orient.

Charlemagne, en instituant des écoles dans son vaste empire, avait essentiellement pour but de ressusciter l'empire romain et la civilisation antique; il devait nécessairement échouer, mais tel fut le prestige de son génie qu'après le démembrement de ses États, après que se furent formées en Europe toutes ces monarchies dont la plupart existent encore aujourd'hui, on continua l'éducation de la jeunesse dans le même sens et avec le même esprit. Les chefs-d'œuvre d'une douzaine de grands esprits grecs et latins en formèrent la base. On eut d'abord un suprême dédain pour l'idiome national; on continua jusqu'au dix-septième siècle à écrire dans une langue morte (Descartes écrivit le *Discours de la Méthode* en latin et le traduisit en français); et lorsqu'on en vint enfin à donner une place convenable à la langue du peuple, lorsque cette langue eut une grande littérature, l'éducation n'en resta pas moins le privilège presque exclusif de ceux qui veulent suivre les carrières libérales. Or ceux-là ne forment qu'une portion restreinte de la jeunesse : quand vous avez indiqué les médecins, les avocats, les prêtres, l'administration, les professeurs et les instituteurs, les gens de lettres, vous avez à peu près tout dit, et il restait encore les trois quarts, au moins, de la population à instruire d'une manière convenable et pratique.

Certainement que notre siècle a déjà fait beaucoup : les écoles polytechniques, les écoles d'ingénieurs, les laboratoires, les collections scientifiques, les écoles professionnelles, les écoles supérieures et primaires, les écoles d'agriculture, etc., ont introduit de nouveaux éléments de culture qu'on ne saurait trop apprécier ; mais ce qu'il y a de surprenant, *c'est que le commerce, la première de toutes les branches d'activité moderne,* le commerce auquel tant de nations doivent leur grande place dans le monde, le commerce qui est le nerf de l'agriculture et de l'industrie et sans lequel elles ne peuvent prendre leur essor, n'était pas jugé digne d'un enseignement spécial ; il y a tout au plus dix ans que l'on a fait en France les premiers efforts, des efforts encore rares et isolés, pour combler une pareille lacune. Le jeune homme qui voulait devenir négociant prenait un grade de bachelier !... quand il appartenait aux classes aisées et... rien, ou peu s'en faut, dans les autres cas.

Jusque vers la quatorzième année, les études devraient être les mêmes pour tous, j'entends pour ceux qui veulent les continuer. Avant cet âge, l'enfant ne peut pas encore choisir sa carrière ; il faut que ses aptitudes commencent à se dessiner clairement, qu'il connaisse ses goûts; en un mot, qu'il puisse déjà prendre une décision par lui-même, car il n'y a rien de plus déplorable que ces vocations imposées par les parents contre le gré de leurs enfants. — C'est donc alors que se présente l'occasion favorable pour donner une nouvelle direction aux études; les uns choisissent l'école classique, d'autres celle d'agriculture, d'industrie, de commerce.

Il y a une si complète différence entre toutes ces études qu'on ne pourrait les poursuivre ensemble qu'avec une grande perte de temps et en sacrifiant les unes pour les autres. Il est vrai que certaines branches leur sont communes : l'histoire, la géographie, les mathématiques, la calligraphie, le dessin, etc. ; mais leur importance varie selon la carrière dans laquelle on les utilisera. D'un autre côté, le grec et le latin doivent être abandonnés dans les cours industriels ou commerciaux, pour faire place à l'étude approfondie des sciences pour les premiers, des langues modernes, de la comptabilité, des marchandises, de l'économie politique pour les seconds.

L'école de commerce poursuit donc un but bien distinct, celui de former :

1° Des apprentis de commerce qui ont été forcés d'entrer dans la vie pratique au sortir de l'école primaire ou avant d'avoir terminé leur instruction dans les écoles secondaires, et qui sont désireux de compléter leurs études tout en subvenant eux-mêmes à leur entretien ;

2° Des jeunes gens au-dessus de quatorze ans, sortis des établissements classiques ou des écoles primaires supérieures, et qui sont en position de continuer pendant deux ou trois ans encore leurs études, à la fin desquelles ils pourront prétendre à de bonnes positions de commis sans passer par un long apprentissage ;

3° Des jeunes gens qui ont fini les études du lycée, du gymnase, du collège ou du pensionnat supérieur, avec *ou sans* diplôme de bachelier, et qui entreront dans le haut commerce, s'établiront à l'étranger, deviendront consuls, etc.

Ces trois catégories d'élèves répondent bien à tous les besoins du commerce ; les parents trouveront ce qu'ils cherchent dans l'une ou dans l'autre : les petits négociants, ceux qui sont partis de rien et ne sont pas encore « arrivés » s'impatienteraient de devoir garder trop longtemps leurs fils à leur charge ; ceux-ci, s'ils ont de l'énergie et du courage, voudront HELP THEMSELVES à l'américaine et se donner eux-mêmes ce que d'autres ne peuvent leur accorder, une de ces éducations solides, peu brillantes sans doute, mais qui développent la volonté plus que toute autre, et si c'est avec la foi qu'on transportait autrefois les montagnes, c'est avec la volonté qu'on les perce aujourd'hui.

Les commerçants de position moyenne, sortis du même rang que les précédents, ne sont pas fâchés d'avoir des fils bien élevés, avec des manières distinguées, sur la figure desquels la profession ne réussira pas à marquer son empreinte, à déteindre, résultat fréquent du manque de culture ; qui sachent tenir leur

place dans la bonne société et qui, après avoir vaqué
à leurs affaires dans la journée, ornent le cercle de
famille de quelque agrément le soir ou même se trouvent à l'aise dans un salon élégant. La connaissance
des langues modernes leur rendra les plus grands services et, pour peu qu'ils l'aient poussée assez loin, leur
tiendra lieu de voyages et de l'expérience qu'on acquiert à l'étranger.

A mesure que l'on avance, le haut commerce tend
à prendre le dessus ; il en doit être ainsi : l'ambition
entraîne les hommes toujours plus loin, et ceux qui
n'ont pas leurs trente-six quartiers de noblesse veulent posséder des richesses princières qui leur donneront un éclat qui en vaut bien un autre et les conduiront aux titres et aux honneurs.

Le haut commerce ne connaît pas de frontières ; il
a ses comptoirs à Londres, à Paris, à Alexandrie, à
Bombay, à Yokohama, à New-York ; le globe entier
lui suffit à peine, et c'est à lui, non moins qu'à la
science, qu'il appartiendra de découvrir les secrets,
les forces inépuisables de la nature qui donnent tant
d'attrait à la vie, puisque nos ancêtres ont beau avoir
travaillé, ce qu'ils ont fait n'est rien en comparaison
de ce qui reste à faire, et que, malgré la célèbre phrase :
« Il n'y a rien de nouveau sous le soleil », il n'en
est pas moins vrai qu'il y aura toujours du nouveau.

L'éducation du « prince-négociant » devra donc être
à la hauteur de la tâche ; c'est dire qu'il faudra de longues études, différentes, mais nullement inférieures à
celles des carrières libérales.

J'ai dû établir ces catégories pour indiquer clairement le champ d'activité de l'école de commerce; mais il est bien entendu qu'elles s'effaceront souvent dans la vie active, et qu'un jeune homme qui n'a pas eu les mêmes privilèges que son voisin, aurait tort de se croire destiné pour toujours à lui être inférieur; l'avenir est à ceux qui ont des connaissances, mais il dépend aussi des coups de la fortune, de la persévérance et de la volonté. Il ne suffit pas que le père ait déjà parcouru la moitié du chemin sur lequel il place son fils; si celui-ci s'attarde en route, il sera bientôt devancé, et, s'il est négligent, bousculé aux derniers rangs.

Quelle belle place est réservée à un jeune homme ayant cette haute éducation; dans le pays natal ou à l'étranger; dans les colonies, dans ces magnifiques contrées qui entourent la Méditerranée et où l'influence française doit être au premier rang; en Amérique ou dans l'extrême Orient avec ses richesses immenses encore inexploitées! Là, il faudra un vigoureux effort pour rivaliser avec l'Angleterre ou les États-Unis, et un jeune voyageur qui a fait de charmantes descriptions de ces pays des Mille et une Nuits, regrettait de ne pas voir plus souvent le pavillon national à côté de celui des deux autres grandes puissances occidentales.

II

École et Académie de commerce

« Lorsque, selon l'idée du conseiller de commerce Wurmb, il y a plus d'un siècle, Büsch fondait l'Académie commerciale de Hambourg, inaugurée en 1768, il avait peut-être une idée vague que la culture spéciale pour la carrière du commerce pourrait conduire, en aplanissant le chemin, aux études académiques ; mais les circonstances empêchèrent la réalisation de ce projet, et l'Institution devint le premier établissement pour les négociants, en même temps école d'éducation générale et école spéciale, mais nullement une vraie *Académie*. — « C'est contre mon gré que j'ai fait de cet institut un établissement d'éducation, dit Büsch lui-même, et c'est contre mon gré que j'ai dû lui conserver cette forme ; j'aurais préféré ne servir la jeunesse studieuse qu'en qualité de « professeur, » et ne lui donner les conseils qu'elle pouvait réclamer que comme ami des jeunes gens arrivés à l'âge de raison. » — Et même, après quelques années, Büsch, par différents motifs, limita le nombre des élèves réguliers à quinze ou vingt et ne voulut jamais dépasser ce chiffre dans la suite ; la fréquentation moyenne des vingt premières années fut de quatorze élèves. Tous les instituts qui lui ont succédé et qui ont surgi relativement tard et lentement, sont restés dans les mêmes principes généraux, et n'ont pas dépassé la simple

« école », bien que quelques-uns (Dusseldorf, Bonn,
Berlin, Gera, Prague, Vienne, Grätz) aient encore
pris le nom d'académies. Il est vrai que le nom même
de leur modèle faisait naître dans l'esprit l'idée d'une
véritable académie et le désir d'atteindre à cet idéal ;
et si cela ne s'est pas réalisé, la cause me semble en
provenir de ce qu'on acquit bientôt la conviction que
l'objet poursuivi n'exigeait pas un « cours académi-
que » ou que les ressources dont on pouvait disposer
n'arriveraient pas jusque-là, ou peut-être même que
le temps consacré à des études mercantiles universitaires occasionnerait une lacune dans la carrière pratique du commerçant, pratique indispensable, et dont
la privation serait nuisible à l'étudiant d'une académie, pour poursuivre sa vocation.

Quoi qu'il en soit, cette ignorance du vrai but de
l'institut commercial et de sa nature même avait fait
naître un préjugé, une hostilité accentuée contre ce
genre d'établissement (avec quelle amertume Büsch
lui-même s'en plaint, Büsch à qui la ville hanséatique
de Hambourg reconnaissante a érigé une statue),
qui ne se développèrent que très médiocrement pendant une période de cinquante ans ; et quand on en a
reconnu l'utilité, et que les chambres de commerce
surtout ont pris en maint endroit l'initiative de nouvelles créations de ce genre, on a vu surgir des
« Écoles, » et non des « Académies » de commerce.
Ce n'est que depuis quelques années (M. Noback écri-
vait ceci en 1864) que l'on plaide de nouveau la
cause des académies commerciales, tendant à ériger
la haute catégorie des négociants en une classe indé-

pendante des autres et formant un nouvel élément dans l'économie publique. »

« En théorie, on ne saurait en blâmer le négociant; il est même réjouissant de le voir revendiquer dans l'organisme social une place qui l'élève d'un degré au-dessus de celle qu'on lui a antérieurement accordée. Mais en poursuivant cet idéal, on s'est laissé entraîner jusqu'à considérer comme peu nécessaires ou même superflus les travaux compris dans le champ d'activité actuel des écoles de commerce; et l'on est allé se heurter contre un écueil, car la création des écoles de commerce, et tous les avantages et les privilèges dont elles ont été l'objet sont, en définitive, l'œuvre d'hommes qui se sont *faits* eux-mêmes par la pratique ; et il est certain que ceux qui ont participé à la prospérité de ces écoles, qu'ils ont vues à l'œuvre et dont l'expérience leur a démontré l'utilité, ne se prononceraient pas facilement en faveur d'autres établissements qui n'ont pas encore fait leurs preuves et dont l'utilité est jusqu'à présent une inconnue; d'autant moins que le fait ci-dessus mentionné n'est autre chose qu'un retour d'un engouement antérieur qui prétendait que l'on se formait à la vocation du commerce par la routine et l'imitation machinale, ce qui rabaisserait l'apprentissage du négociant au niveau d'un métier quelconque. On s'est donc vu forcé de reconnaître, et beaucoup l'ont reconnu à contre-cœur, que les écoles de commerce suffisent aux besoins généraux, mais en ajoutant qu'elles ne conduisent au fond qu'au « métier » de commerçant, sans en enseigner le côté intellectuel. Il serait facile d'éta-

blir que ce préjugé, que cette appréciation défavora-
ble provient de ce que beaucoup n'ont fait la critique
des écoles de commerce que d'après des programmes
ou des *horaires* de leçons, sans se préoccuper d'approfondir l'activité et l'utilité d'une école de commerce
bien conduite. Même en admettant qu'il y ait quelque
chose de vrai dans de semblables assertions, si le but
des institutions commerciales est de donner la science,
la « technique » du commerce, et en particulier la
technique de la comptabilité, pourrait-on, par hasard,
soutenir que cette science se communique d'une manière suffisante sur les bancs même de l'Académie,
et sans qu'on l'anime par une étude pratique et con-
crète, où l'élève en retrouve les matières sous une
forme tangible, pour ainsi dire, ou que l'on puisse
faire arriver l'élève à un mécanisme dont les principes
n'auraient pas été clairement établis, principes destinés à vivifier le mécanisme et à le tenir en mouvement? »

« Mais en donnant à l'élève l'intelligence de cette
science, en lui permettant de s'en rendre maître, de
la dominer, quand bien même l'Académie de commerce s'élèverait à des vues plus hautes ou pénétre-
rait plus avant dans les organes et le fonctionnement
de tout le système, j'affirme qu'en remplissant cette
tâche plus modeste, l'école de commerce n'en reste
pas moins un organe important et indispensable
parmi les écoles spéciales. Et voici l'expérience à laquelle on est arrivé : on a enfin reconnu que les meilleurs élèves des écoles de commerce, en entrant dans
leur carrière pratique, après quelque temps consacré

à leur orientation dans les particularités des affaires concrètes, sont, au delà de toute comparaison, supérieurs à l'apprenti sorti d'un établissement ordinaire d'éducation, et que bientôt ils ne sont plus simplement des apprentis, mais de véritables *commis* sachant se rendre utiles de mille manières différentes. C'est pourquoi on demande partout des élèves des écoles commerciales, et c'est pourquoi les négociants d'une quantité de villes déclarent qu'ils les préfèrent à tous les autres aspirants et leur offrent les conditions les plus avantageuses. Il en sera de même partout où des élèves intelligents auront orné leur esprit de tous les éléments nécessaires pour devenir plus tard des négociants accomplis (1). »

Voici, en résumé, comment se formulaient ces divergences de vues : les partisans des écoles de commerce, tout en convenant qu'il fallait laisser l'enfant aux établissements d'éducation générale, collèges, gymnases (lycées), écoles réales, écoles préparatoires de tout genre jusque vers l'âge de quatorze ans, soutenaient que certaines branches de l'enseignement commercial et même les plus importantes : la comptabilité et les langues modernes, ne comportaient pas les cours ou conférences académiques et ne pouvaient être suivies avec fruit qu'autant que l'élève aurait une part active dans la leçon consacrée presque entièrement à l'interrogation, tandis que l'exposition n'y devait prendre qu'une place secondaire.

(1) F. Noback, ancien directeur de l'Ecole de commerce de Dresde. Programme de 1864. (Traduction de l'auteur de cette étude.)

Les champions de l'Académie présentaient des arguments tout aussi concluants : « L'économie, disaient-ils, l'étude générale du commerce, le droit commercial, la technologie, etc., ne forment-ils pas un véritable enseignement universitaire, et n'exigent-ils pas tout ce que de savants professeurs peuvent présenter de plus élevé à la jeunesse ?

Les deux camps avaient de bonnes raisons à leur service, et au lieu de perdre leur temps à d'oiseuses discussions, tous se mirent à l'œuvre, pensant sagement que l'expérience trancherait la question. — Eh bien ! l'expérience n'a rien tranché ; écoles et académies ont rendu de grands services ; elles ont suivi des routes à peu près identiques, en fixant l'âge d'admission un peu plus tôt ou un peu plus tard, et ne s'obstinant pas à faire des conférences manquant leur but, quand la matière exige un autre système, ou à présenter la science sous un aspect trop élémentaire, quand elle a un caractère abstrait ou philosophique.

Les gouvernements allemands qui laissent volontiers le soin de l'éducation à l'initiative privée, à de simples particuliers ou à des associations ; dont les universités jouissent d'une autonomie presque complète, de privilèges spéciaux, et ont même conservé une législation, des usages exceptionnels, les gouvernements ne firent rien et ce furent les Chambres de commerce, ou plutôt les corporations des marchands (« Handels Innungen » qui n'ont pas, ce me semble, de corrélatif exact en France) qui se mirent à la tête de toutes les entreprises importantes de ce genre. Leipzig fonda une des plus grandes écoles de commerce ; Gotha, Dresde (1855), Chemnitz, Francfort, Stuttgart, Munich vinrent ensuite, et maintenant c'est par centaines qu'elles se comptent. Chaque année en voit surgir de nouvelles, et toutes sont florissantes à un point qui prouve qu'elles répondaient à un grand besoin.

La plupart de ces établissements ne dépendent que de leurs propres ressources; les chambres de commerce se sont bornées à une avance de fonds assez insignifiante, 50,000 francs et même moins, somme qui a été bientôt remboursée; après quoi ils ont pu songer à capitaliser afin d'instituer des pensions de retraite pour les professeurs, à acheter ou faire construire de magnifiques immeubles, comme à Leipzig ou à Dresde. En général, on peut dire qu'ils ont largement contribué à élever le niveau intellectuel de la nombreuse classe marchande, et qu'ils font le plus grand honneur au pays. Il n'en peut être autrement quand on réfléchit que plusieurs de ces écoles ont de cinq à sept cents élèves et que l'Académie de Vienne les compte maintenant par milliers.

Toutes les institutions commerciales de l'Allemagne et des autres pays présentent de grandes analogies et quelques particularités qui me permettent de les réduire à deux types: celui des écoles saxonnes et celui de l'Académie de Vienne.

Cette dernière, dont la fondation par la bourgeoisie marchande viennoise ne remonte qu'à 1857, l'année même de la grande crise commerciale, a été dirigée par un homme éminent, Franz Hauke, jusqu'en 1871, époque à laquelle huit cents étudiants ou « auditeurs » se pressaient déjà à ses cours. Elle avait débuté avec cinquante-huit élèves dans un local loué ; trois ans plus tard elle était transférée dans son propre hôtel de « Akademiestraße », rue à laquelle elle a donné son nom. On y joignit bientôt une importante bibliothèque, une riche collection d'échantillons, des cabinets de physique et d'histoire naturelle, ungrand laboratoire de chimie. Dans cet intervalle le corps enseignant atteignait déjà le nombre imposant de trente professeurs, considérablement augmenté depuis.

Les cours de l'Académie se font en deux ans, mais, comme ils sont précédés de deux années d'école préparatoire, ils s'adressent dans les cas ordinaires à des jeunes gens de quatorze à dix-huit ans, avec de nombreuses exceptions au-dessus.

En 1871, pendant le semestre d'hiver, on ouvrit pour les apprentis du commerce et de l'industrie des cours auxquels participèrent quatre-vingt-treize auditeurs, et qui ont pris dès lors un grand développement.

L'Académie est fréquentée par des jeunes gens de toutes les provinces de l'Autriche-Hongrie ; la création d'établissements similaires dans plusieurs autres grandes villes de l'Empire n'en a pas diminué le nombre, et elle jouit d'une réputation méritée dans le pays et à l'étranger.

L'organisation scolaire de la Saxe est une des plus remarquables de l'Allemagne et du monde entier. Nulle part l'enseignement n'est entouré de plus de considération, nulle part le « pain de la science » n'est distribué à la jeunesse avec autant de libéralité.

On peut dire sans exagérer que l'enseignement y est arrivé à la perfection ; le moindre village a une excellente école ; les villes sont de vrais foyers de lumières ; — l'Université de Leipzig compte *trois mille* étudiants venus de tous les pays du monde ; l'Ecole polytechnique de Dresde a dû abandonner son palais déjà si vaste pour un autre trois fois plus grand ; Chemnitz, le Manchester allemand, a une école supérieure de tissage florissante ; Freiberg, une célèbre Académie des mines. Depuis plus de trente ans les écoles de commerce ont conquis leur place légitime dans ce pays privilégié ; aussi sont-elles le rendez-vous des fils des riches négociants de l'Europe et de l'Amérique.

Elles comprennent deux divisions :

1° Celle des « Extraner », ainsi nommée sans doute parce qu'elle s'adresse surtout aux jeunes gens du dehors, mais qui, dans le fond, est la vraie division des « élèves réguliers » qui suivent des cours toute la journée.

2° Celle des « Handlungslehrlinge » ou apprentis de commerce, qui ne viennent qu'une ou deux heures par jour.

Ces deux divisions ont une existence distincte et sont complètement indépendantes et séparées l'une de l'autre.

On comprend l'importance d'une semblable disposition au point de vue de l'ordre et de la discipline. — Des jeunes gens déjà émancipés, apportant des idées nouvelles qui n'ont pas encore subi cependant le contrôle de l'expérience, ne pourraient qu'exercer la plus fâcheuse influence sur des élèves ne connaissant que la vie d'écoliers. Chaque division a ses propres salles d'étude, et si certaines circonstances de parenté ou autres établissent de temps en temps des rapports entre quelques élèves, cela ne va jamais jusqu'à engendrer des inconvénients.

En ce qui concerne les apprentis, les chefs des maisons de commerce se sont prêtés, avec beaucoup de bonne volonté, à une combinaison avantageuse pour des jeunes gens peu favorisés de la fortune en leur accordant quelques heures de liberté dans le courant de la journée, pour continuer des études commencées ou en entreprendre de nouvelles indispensables au négociant. Ceux qui doivent faire ce sacrifice pour plusieurs apprentis ont soin de les prendre d'âges différents, afin qu'ils ne soient pas dans la même classe et qu'ils ne s'absentent pas tous en même temps. — Dans d'autres villes, on avait adopté un système plus avantageux pour les patrons et semblable à celui que j'ai mentionné pour l'Académie de Vienne. C'était de faire des cours de six à huit heures du matin et de huit à dix heures du soir. Il est facile de se représenter qu'un pareil travail devait conduire à l'abrutissement plutôt qu'à des résultats favorables; il n'y a pas de constitution, si robuste soit-elle, qui pût résister à une telle tension d'esprit. J'ignore cependant si l'on a persisté dans cette voie; je n'en serais pas trop surpris, les Allemands possédant une puissance de travail à laquelle ne peut atteindre aucune autre race; mais il est certain qu'on aurait tort de les imiter à cet égard en France. L'autre organisation me paraît bien préférable, et l'on ne peut douter que les négociants établis ne consentent volontiers à s'imposer des sacrifices qu'ils auraient été heureux de rencontrer eux-mêmes au début de leur carrière.

Les études ne sont pas gratuites et peut-être que celui qui paie ses leçons les apprécie davantage ; mais la rétribution est peu élevée et proportionnée aux modestes ressources d'un apprenti.

Les cours des « élèves réguliers » sont de trois ans ; l'âge d'admission étant quatorze ans ; il y a un examen d'entrée, et celui qui n'est pas encore assez avancé doit rester à l'école préparatoire, ou, si ses connaissances ne sont insuffisantes que dans une ou deux branches, les compléter par des répétitions.

Les études dans cette division sont très complètes et équivalent sous bien des rapports à celles de la meilleure Académie, sur laquelle elles offrent cet avantage que les élèves, ne pouvant se considérer comme des étudiants, se plient plus facilement à certaines exigences de la discipline, par exemple à remettre régulièrement leurs cahiers au directeur, qui en contrôle la bonne tenue, détail qui a son importance, puisqu'il s'agit d'une carrière où l'ordre est la principale qualité.

Ceux qui ont eu entre les mains ces magnifiques travaux ont pu juger de l'heureuse influence de cette disposition.

Les institutions commerciales de l'Allemagne et de l'étranger ne diffèrent pas sensiblement des deux modèles que je viens de décrire en abrégé ; celle de Munich prend les élèves à douze ans ; celle de Francfort à seize, mais les cours de cette dernière ne sont que de deux ans divisés en quatre semestres.

L'*Institut supérieur de commerce d'Anvers*, administré par une commission supérieure de sept membres, sous la présidence du *bourgmestre* et occasionnellement du *gouverneur* de la province d'Anvers, est établi sur le pied d'une université, et délivre après les examens de seconde année des *diplômes de capacité* conférant le titre *de licencié en sciences commerciales*. L'élève belge auquel ce diplôme est décerné peut obtenir une bourse de voyage de plusieurs années à l'étranger aux frais du gouvernement. Une somme de 40,000 francs est inscrite de ce chef au budget annuel du ministère des affaires étrangères.

Outre les matières ordinaires d'enseignement des écoles de commerce, cet institut s'occupe d'une façon toute particulière du commerce maritime, de l'économie des ports et des armements. Pour l'étude de cette partie du cours, les élèves accompagnés de leur professeur font des visites aux chantiers de constructions en bois et en fer, ainsi qu'à bord des navires qui se trouvent dans les bassins d'Anvers.

La première initiative de la création de cette école de commerce est due à M. A. Dechamps, alors qu'il était ministre des affaires étrangères de Belgique.

En 1849, il saisit le conseil communal d'Anvers et le conseil de la province d'un projet d'organisation *d'une Université belge de commerce et d'industrie*, projet soutenu énergiquement par un négociant d'Anvers, M. H. Matthyssens, et par son parent le Dr Matthyssens, qui traita la question à fond dans une brochure qu'on dit assez remarquable. Cependant les universitaires belges prirent ombrage de ce titre d'Université : il leur semblait que leurs prérogatives en seraient amoindries, si le titre d'Université, réservé jusqu'alors aux seules études des *humanités*, était donné à un établissement destiné à la classe marchande ; et le monde officiel ayant fait cause commune avec l'Université, chose assez naturelle, puisque la plupart des fonctionnaires belges en sortaient, on dut se contenter du titre plus modeste d'*Institut supérieur de commerce d'Anvers*.

En octobre 1852, sur un rapport du bourgmestre Loos et du conseiller Oostendorp, le ministre de l'intérieur, M. Rogier, fixait les bases de l'organisation de la nouvelle école, qui ouvrait ses cours en 1853, avec 51 élèves.

Les élèves sont admis à l'Institut supérieur sous deux dénominations :

1° Élèves réguliers ;

2° Élèves spéciaux.

De 1853 à 1886, l'Institut d'Anvers a reçu 3,297 élèves, savoir, 1,905 élèves belges et 1,392 étrangers, soit 1,502 élèves réguliers et 1,795 élèves spéciaux.

De 1853 à 1869, la moyenne annuelle a été de 68 élèves ; de 1870 à 1886, elle atteint le chiffre de 128.

C'est l'année scolaire 1878-1879 qui marque le point culminant de l'Institut avec 150 élèves. En 1886, il est redescendu à 136.

Les dépenses de l'Institut sont pour les trois quarts à la charge de l'État, et le quart restant à la charge du conseil communal d'Anvers.

L'Institut ne reçoit que des externes. Les élèves qui n'ont pas leur famille à Anvers sont logés dans des maisons connues de l'administration de l'école, notamment chez les professeurs, comme cela se pratique également avec tant de succès dans les écoles allemandes.

L'Institut d'Anvers a rendu des services au commerce belge, c'est incontestable ; sa réputation s'est même étendue au delà des limites du pays, ainsi qu'en font foi les nombreuses admissions d'élèves étrangers.

Cependant, il n'y a pas là un de ces succès brillants qui inspirent l'enthousiasme et désarment toute critique. La comparaison avec les célèbres écoles allemandes et autrichiennes est, à tous égards, en faveur de ces dernières.

Si nous voulions en rechercher les causes, je pense que nous les retrouverions dans l'idée mère formulée par le titre même de la brochure du Dr Matthyssens :

Projet d'organisation d'une Université belge de commerce et d'industrie, c'est-à-dire d'un établissement ayant la prétention de donner à ses élèves une *haute culture commerciale*.

Or, il n'y a pas de hautes études commerciales !

L'éducation du futur négociant rentre dans l'enseignement *moyen* ou, si l'on aime mieux, *secondaire*.

A partir de dix-sept ans ou de dix-huit ans comme limite d'âge extrême, le jeune homme qui se destine au commerce doit entrer en apprentissage. S'il reste plus longtemps sur les bancs de l'école, ce ne peut être qu'au grand détriment de sa carrière.

On m'objectera que les *jeunes étudiants en haut commerce* appartiennent généralement à des familles riches, qu'ils se destinent à reprendre la direction de maisons opulentes, et que la grande affaire n'est plus pour eux d'être des *praticiens* consommés du commerce, mais des hommes du monde, des jeunes gens sachant se mouvoir dans un salon et capables de faire figure dans la haute société.

Ces raisonnements, sans être de la faiblesse de ceux que me présentait un « self made man » enrichi dans la commission, qui, oubliant ou feignant d'oublier son humble et d'autant plus honorable origine, m'expliquait que les trois degrés des écoles de commerce de Paris avaient pour but de former :

1° Les soldats du commerce ;

2° Les officiers du commerce ;

3° Le grand état-major du commerce !

ces raisonnements, dis-je, pèchent par la base et sont même un dangereux sophisme.

En effet, si vous voulez que votre fils devienne un commerçant, c'est-à-dire un homme embrassant une des carrières qui exigent le plus d'intelligence, de coup d'œil, d'*expérience*, vous ne devez avoir en vue que ce seul but, à l'exclusion de tout le reste.

Vous serez bien plus avancé si, après avoir fait de lui un « gentleman », parce qu'au fond du cœur vous regrettez amèrement de ne pas en être un vous-même, si après avoir passé un demi-siècle à amasser des millions en vendant du drap « auprès de la porte Saint-Innocent », comme les ancêtres de M. Jourdain, votre brillant rejeton les éparpille aux quatre vents des cieux avec la jeunesse dorée du pays.

Non, il n'y a pas les soldats, les officiers, l'état-major du commerce ; il y a, d'une part, de *bons négociants*, et dans leur nombre des hommes absolument incultes ; et, d'autre part, de *mauvais négociants*, parmi lesquels beaucoup sont des « gentlemen » impeccables.

« Et voilà, monsieur, pourquoi votre fille est muette. »

Voilà aussi pourquoi les écoles de commerce qui se sont écartées des *études préparatoires*, car il n'y en a pas d'autres, sont sorties de la bonne voie et ont dépassé le but.

Si je m'étends plus particulièrement sur ce sujet, à propos de l'Institut d'Anvers, c'est que la France a eu le malheur, qui deviendrait irréparable si l'on n'y portait sans retard un remède complet, en employant même au besoin les moyens violents, de le prendre pour modèle dans l'organisation de la plupart de ses écoles de commerce.

C'est à l'imitation de l'École Blanqui et de cet établisement que nous avons créé les *Comptoirs*, les *Bureaux commerciaux*, où nous perdons un temps infini sur des questions de formes, où nous faussons l'esprit de nos élèves par *des opérations fictives*, où nous leur donnons enfin la prétention désastreuse qu'ils *sont des négociants* du jour où ils possèdent le diplôme d'une école quelconque.

Un négociant du Havre me racontait qu'il avait employé pendant quelque temps un *diplômé* d'Anvers. Ledit *diplômé* pensait qu'il arriverait en peu de temps à gagner 20,000 francs par an. Cette prétention parut exagérée à son chef ; cependant, celui-ci lui demanda à quoi il se sentait propre, quel emploi il désirait remplir dans sa maison.

— « Monsieur, je connais à fond toutes les branches de commerce, et je voudrais faire *des arbitrages.*

— Ah ! oui-dà, répondit le patron. Je regrette beaucoup de n'avoir pas sous la main d'arbitrage pour vous aujourd'hui ; mais, en attendant, allez donc me porter ces lettres à la poste. »

Tête du diplômé !

Quinze jours après, on l'envoyait « porter ses arbitrages » sous d'autres cieux.

Donc, les *bureaux* donnent à nos élèves de grandes prétentions, de grands mots des affaires : économie politique ou sociale ; droit commercial international ; arbitrages ; opérations de bourse ; mais la *base manque*, et voilà ce que nous ne saurions assez déplorer.

Croyez-vous que si, au lieu de tout ce fatras sans consistance réelle, nous avions des écoles produisant des élèves qui à leur sortie des études sauraient trois langues étrangères, quatre avec leur langue maternelle ; j'entends des élèves qui sauraient parler ces langues, et non qui auraient fait *semblant* de les apprendre, croyez-vous que nous n'aurions pas mieux armé ces jeunes gens pour la lutte qu'en leur enseignant qu'avant tout ils sont des *personnages*, mais des personnages *embrigadés*, dont les uns doivent se contenter *ad æternum* : d'être les soldats du commerce, puisqu'ils sortent de l'école où l'on ne fait que *du soldat;* ou des *officiers,* puisqu'ils ont étudié là où l'on prend déjà *du galon,* sans doute, mais *un peu* de galon, *pas trop* de galon; ou, enfin, puisqu'ils ont eu l'honneur de passer par l'Académie de l'état-major, qu'ils peuvent désormais se considérer comme des « grands hommes » destinés à tous les honneurs, à des rubans, à des rosettes sur toutes les coutures, à des consulats, peut être à des ambassades, à des ministères! croyez-vous, dis-je, que, si nous avions de bonnes écoles moyennes de commerce, avec l'enseignement un peu terre à terre, si l'on veut, mais pratique, par interrogations, cet enseignement qui prend l'élève, pour ainsi dire, par la main pour ne l'abandonner à lui-même qu'après qu'il a tout compris, qu'il est *bien préparé à apprendre;* croyez-vous que nous ne leur aurions pas rendu un immense service?

Oui, nous aurions rempli envers eux tous nos devoirs d'éducateurs, car nous les aurions préparés pour entrer dans le monde par la bonne porte !

III

Pensionnat ou Externat.

Le grand réformateur a posé ce principe fécond : « Tout chrétien est prêtre de sa religion. » — On peut dire avec tout autant de vérité : « Tout père de famille est (ou devrait être) éducateur. » — Je n'entends pas par là, avec Rousseau, que chaque enfant doive avoir son précepteur; non seulement ce serait aller à l'encontre de l'impossible dans la majorité des cas, mais l'enfant a besoin de la compagnie des autres : l'homme étant fait pour la société, l'éducation doit le préparer à la vie avec ses semblables.

Certains parents s'imaginent volontiers qu'en gardant leurs enfants de tout contact avec ceux des classes inférieures, ils les préserveront du mal et les conduiront à une infaillible félicité. — S'ils songeaient que le mal est partout dans le monde à côté du bien; que l'un est aussi nécessaire à l'autre que l'ombre à la lumière, la petitesse à la grandeur, la laideur à la beauté; qu'en outre l'expérience n'a jamais servi qu'à ceux qui l'ont payée de leurs déceptions et de leurs souffrances; qu'elle est toujours à refaire et ne peut se transmettre par testament, pas même par de bons ou de mauvais exemples; que la société des méchants rend meilleures certaines natures, tandis que d'autres se pervertissent à côté de la vertu; que les penchants innés ne peuvent être détruits, mais simplement modifiés par l'éducation, ils se diraient qu'ils sont impuissants à créer ce qu'a refusé la nature et que leur rôle se limite à encourager, à soutenir, à fortifier, à diriger et, en général, à édifier avec les matériaux qui existent, à en tirer le meilleur parti possible.

Beaucoup devront s'attendre à des déceptions; heureux encore si, en présence de l'infortune, ils n'ont pas de reproches à se faire, et si leur conscience leur rend le témoignage qu'ils n'ont pas manqué à leurs devoirs.

Ces considérations suffisent pour montrer l'immense responsabilité des parents, et combien sont coupables ceux qui se laissent aller à la négligence envers leur famille.

Les conditions normales d'une bonne éducation sont l'influence de l'école jointe à l'influence de la famille. Ceux qui peuvent suivre cette marche doivent la préférer, et s'imposer tous les sacrifices pour ne pas s'en écarter. Entre le *pensionnat* et *l'externat, il faut choisir ce dernier* et n'y renoncer que dans le cas d'impossibilité.

Les deux pays les plus avancés en matière d'éducation, la Suisse et l'Allemagne, sont entrés depuis longtemps dans cette voie à laquelle ils sont redevables d'une grande partie des progrès réalisés ; mais on doit bien observer qu'il n'en résulte pas la suppression des pensionnats ; au contraire, ils ne sont nulle part aussi nombreux que dans ces deux pays. La libre concurrence, dans les affaires intellectuelles aussi bien que dans les affaires matérielles, a été de tout temps l'âme des grandes entreprises, et quelle autre sphère d'activité est plus digne de la sollicitude de l'homme que celle qui a pour but de former les nouvelles générations ?

Quand les enfants ne peuvent rester chez leurs parents, ce qui arrive dans certaines circonstances malheureuses, ou même pour d'autres jouissant de conditions favorables, mais qui doivent, par exemple, aller dans une autre ville ou à l'étranger pour la suite de leurs études, les écoles de commerce allemandes ont adopté un système que l'on tend à imiter partout : c'est de placer les élèves dans des maisons connues par leur respectabilité, chez les professeurs ou chez des pères de famille. Là ils ne retrouvent peut-être pas les mêmes avantages que dans leur propre maison, la tendre affection d'une mère qui ne se remplace pas, la vigilance d'un père ; mais ils évitent aussi quelquefois des inconvénients ; on ne les gâte pas, ils ne se négligent pas dans leurs manières, ils partagent la vie de jeunes gens de même âge et de même condition ; ils ont une existence saine, morale, qui ne peut que contribuer à leur bien.

Les parents appelés à se séparer de leurs enfants ne peuvent trop se pénétrer de l'importance de ne les confier qu'à des pères de famille, à des gens mariés et dont le cœur s'est développé pour la jeunesse. C'est ainsi seulement qu'ils leur prépareront un bon avenir et les formeront pour ces deux saintes missions de toute existence : la famille et la société, le foyer domestique et la patrie.

En France, le dix-huitième siècle avait égaré ce noble sentiment et porté les mères de famille à s'en remettre du soin de leurs enfants, même en bas âge, à des étrangers, à des gens qu'elles connaissaient souvent à peine ; les éloquents écrits de Rousseau, de Bernardin de Saint-Pierre et de tant d'autres hommes généreux n'ont pu extirper le mal tout entier, ni abattre ce préjugé, et si l'on fait généralement venir la nourrice dans la famille, il n'y a que trop de parents encore qui voient arriver avec plaisir le moment de se débarrasser de leurs fils pour les envoyer au pensionnat, quelquefois chez des gens qui n'ont pas de famille et qui en sont peut-être les ennemis.

Les écoles et les académies commerciales seront des externats offrant des garanties morales aux parents, même en dehors du temps des leçons.

Je ne voudrais pas que les observations que je viens de présenter fissent croire que je suis hostile aux pensionnats; je reconnais qu'ils ont rendu de grands services et qu'ils sont appelés à en rendre encore; que le nombre n'en doit pas être diminué, et même que tout en fait prévoir l'augmentation quand l'éducation aura acquis son plein développement, qu'elle répandra ses bienfaits sur deux ou trois fois plus d'enfants qu'aujourd'hui. Non, l'action du pensionnat ne sera pas diminuée, elle sera simplement modifiée; elle cessera de s'adresser à ceux qui peuvent faire mieux; après cela il lui restera encore un vaste champ à cultiver et sa concurrence exercera une salutaire influence sur les établissements d'instruction publique.

IV

Enseignement commercial pour les jeunes filles.

Une des choses qui frappent le plus l'étranger en arrivant dans ce pays, c'est l'intelligence, l'esprit d'initiative des Françaises, surtout dans les classes moyennes. En effet, on voit fréquemment des femmes mariées conduisant leurs magasins, pendant que le mari travaille de son côté; des veuves administrant de grandes fortunes ou dirigeant un commerce compliqué; une multitude de jeunes filles cherchant leur existence dans le commerce, où celles qui ont du courage et que les circonstances n'appellent pas à d'autres devoirs trouvent presque toujours un bel avenir.

La plupart d'entre elles sortent de familles où chacun doit gagner sa vie, et où le sexe ne donne à personne un privilège d'oisiveté. Beaucoup entrent dans la vie active avec des notions bien limitées, une éducation incomplète; elles rencontrent par conséquent des difficultés du même genre que les apprentis de commerce dont j'ai déjà parlé.

Mettez une jeune fille à la caisse dans un magasin, dans un restaurant; donnez-lui un emploi entraînant une responsabilité; si elle est tout à fait novice, si c'est là son *début*, elle doit s'attendre à bien des déboires; une erreur peut la faire renvoyer, ou même faire naître des doutes sur son honnêteté. Dernièrement on retirait de la Seine une de ces jeunes caissières qui s'était trompée dans ses additions. On l'avait renvoyée et, n'osant rentrer chez sa mère, elle avait voulu mettre fin à ses angoisses.

Il est temps que l'État, les associations et tous ceux qui s'intéressent à ce grand problème de l'éducation mettent la main à l'œuvre. Ils peuvent être certains qu'ils porteront remède à bien des maux, et que leur activité produira une ample moisson de bienfaits. Il y a des lacunes dans l'éducation des jeunes gens; mais c'est la perfection en comparaison de celle des jeunes filles, particulièrement dans les pays latins; car plusieurs autres contrées, les États-Unis, la Suisse, l'Allemagne, etc., savent depuis longtemps qu'elle est plus nécessaire encore peut-être pour la femme que pour l'homme.

Du reste, la France l'a compris également : on a ouvert des écoles professionnelles, des écoles normales; on parle de créer aussi des *lycées* de jeunes filles ! C'est peut-être dépasser le but ; mais pourquoi ne créerait-on pas des écoles de commerce de jeunes filles? Non pas, sans doute, des institutions académiques, ayant dans leur programme la science abstraite, l'économie politique, la chimie ou les logarithmes; mais simplement les connaissances indispensables à tout *commis,* homme ou femme : la calligraphie, l'arithmétique commerciale, les langues : l'anglais et l'allemand obligatoires; l'italien, l'espagnol, etc., pour les besoins spéciaux.

Il y a déjà des cours du soir pour les jeunes filles dans quelques localités ; mais c'est peu en comparaison de ce qui reste à faire. — D'ailleurs ces cours offrent l'inconvénient signalé pour les apprentis : venant après une journée très remplie, ils trouvent l'élève fatiguée, n'ayant plus l'élasticité d'esprit nécessaire pour étudier ; bientôt la santé sera compromise et, en définitive, elle perdra plus dans un sens qu'elle n'aura gagné dans l'autre.

Il faut encore ici que les patrons se montrent généreux ; qu'ils s'entendent pour accorder une heure par jour (s'il est impossible d'en accorder deux); leurs affaires n'en souffriront pas beaucoup, et ils auront la satisfaction que produit toujours une bonne action,

On peut même dire que les affaires y gagneraient bientôt, puisqu'au bout de quelques années, les jeunes filles. ayant complété des cours seraient plus habiles et feraient plus d'ouvrage et de meilleur ouvrage que celles qui arrivent dépourvues de l'instruction nécessaire.

De plus, certaines considérations d'un autre ordre militent pour la journée plutôt que la soirée, dans laquelle une jeune fille est un peu exposée. Il ne faut pas sans doute pousser les scrupules jusqu'à l'exagération : toutefois, il est équitable d'avoir tous les égards possibles pour celles qui n'ont pas été traitées libéralement par la fortune et qui ont doublement besoin pour faire leur chemin d'estime et de considération.

V

Professeurs et élèves.

Toutes les fois que de profondes modifications sont reconnues nécessaires dans l'enseignement, la principale difficulté est de trouver un personnel capable de les mettre en pratique, et c'est par là que les réformes ont presque toujours échoué. Une loi, si bonne qu'elle soit, n'acquiert sa valeur que par son application. Sans parler de l'opposition qu'elle doit rencontrer dans un pays libre, opposition salutaire si elle est inspirée par la loyauté, et que l'initiative privée entre en concurrence avec l'État, on ne peut espérer de faire disparaître en un jour les habitudes prises, une routine à laquelle on finit par s'attacher lors même que l'on en connaît les défauts, des études faites sous un régime différent ; et je ne crois pas me tromper en affirmant que les réformes ne donneront tous leurs fruits qu'à la nouvelle génération. Il faudra de la patience et beaucoup d'énergie ; le manque de résultats immédiats suscitera des critiques qui auront l'air fondées, lors même qu'elles seront injustes ; mais le mouvement aboutira, parcequ'il est sérieux cette fois-ci ; — auparavant il n'en était pas ainsi ; l'attention était dirigée ailleurs, l'instruction publique était reléguée à l'arrière-plan, tandis qu'on en a enfin compris l'importance vitale, et le rang élevé qui doit lui être assigné parmi les intérêts sociaux.

Les obstacles ne sont d'ailleurs pas insurmontables : c'est avant tout une *question d'argent*.

Pendant trop longtemps le professorat a été une carrière précaire, n'offrant des ressources qu'aux célébrités. Pour la grande majorité, c'était un pis aller, une profession que l'on n'embrassait que par impossibilité de réussir dans une autre, qui se recrutait souvent d'hommes chétifs et malingres, tandis qu'elle exige, non seulement de vastes connaissances, acquises par de longs travaux et de grandes dépenses, mais aussi la santé et la force physique.

L'influence morale a seule de bons effets sur la jeunesse ; une organisation plus ou moins militaire, à la baguette, est déplorable, et notre siècle n'en a que trop abusé. Il faut à tout prix entrer dans une autre voie, et la première condition pour réussir, c'est que la jeunesse voie dans ses maîtres des amis, des compagnons plus âgés, pour ainsi dire, et non des êtres appartenant à une classe à part, en dehors de l'espèce humaine ; contre laquelle couve une hostilité sourde qui éclate à la première occasion, aussitôt que les enfants, avec leur effrayante perspicacité, ont reconnu quelque travers, quelque symptôme de faiblesse. Dans ces conditions-là, le professeur doit être armé de règlements sévères, d'une discipline de fer, et l'élève n'est conduit à faire le bien que par l'impossibilité de faire le mal, et parce qu'il connaît les conséquences terribles d'une infraction à l'obéissance passive. Combien l'affection est plus féconde en résultats ! Voyez la science s'épanouissant au contact de la sympathie réciproque ; voyez la méfiance disparaître, la jeunesse persuadée qu'en travaillant elle sert ses propres intérêts ; qu'elle doit posséder la science et que l'ignorant n'est plus qu'un être imparfait et misérable, un déclassé ; — voyez naître sa reconnaissance envers ceux qui lui prodiguent de si grands bienfaits. Il n'y a plus besoin de règlements ; ils sont relégués parmi les vieux papiers poudreux, d'où ils ne sortiront plus, et la direction ne se croit pas forcée de les faire imprimer avec le programme des études, afin que parents et élèves sachent bien à quoi sont exposés les récalcitrants. L'influence morale fait disparaître les récalcitrants ; il n'y a plus de punitions ; une censure par devant le personnel enseignant tout entier suffit et doit toujours être préférée à une réprimande du directeur ou d'un professeur en face de la classe et quand l'élève a conscience d'être soutenu par ses condisciples.

Et n'allez pas croire que je me laisse entraîner à une utopie, bonne tout au plus pour les écoles pastorales d'Arcadie; je parle d'une chose qui existe, que j'ai vue fonctionner admirablement en Suisse et surtout en Allemagne. Les rapports entre professeurs et élèves ne se bornent pas à ceux de l'école; ils se renouvellent au dehors, chez les professeurs qui ont des pensionnaires, dans les soirées où l'on invite les uns ou les autres, et il n'est pas rare qu'ils se rencontrent même dans des réunions de famille ou de société. Pour entretenir ces salutaires relations, il est d'usage que les universités, les écoles polytechniques, les gymnases (lycées), les écoles commerciales donnent elles-mêmes des fêtes dont les jeunes gens prennent l'initiative et font les frais, et où sont conviés, avec une aimable cordialité, les professeurs, les parents, les sœurs des élèves, tous les amis de l'institution, fêtes qui restent pour la vie gravées dans la mémoire de ceux qui y ont participé, où la joie règne à côté de la dignité, où chacun respecte les autres parce qu'il se respecte lui-même. En hiver la fête se fait dans la soirée; elle commence par un repas, accompagné de musique, de chants, de toasts des professeurs et des *étudiants*, et elle se termine gaiement par un bal. En été, c'est une promenade aux environs, dans la forêt, un tir à l'oiseau, que sais-je? tous les divertissements moraux, au grand air et en liberté, destinés à rendre à l'esprit son élasticité après les travaux sérieux.

Le lendemain, tous se remettent à l'ouvrage avec plus d'entrain, et la bonne humeur de la veille ré-

gnera pendant bien des semaines encore dans le sanctuaire des études, qui n'est un sanctuaire qu'à la condition que tout s'y fasse librement et avec bonne
volonté.

Convient-il de créer des écoles de commerce pour
les nationaux exclusivement, ou vaut-il mieux y admettre les étrangers? Il suffira pour répondre à cette
question d'examiner les résultats obtenus ailleurs
par la liberté. Les écoles de commerce allemandes
reçoivent des élèves de partout, d'Amérique, d'Australie, du Japon même et de la Chine, élèves qui ne
réussiraient jamais à y pénétrer si l'on entourait d'en-
traves leur admission, et si l'on exigeait d'eux absolument les mêmes connaissances que des jeunes gens
du pays.

En établissant des examens d'entrée, où une connaissance suffisante du français sera requise, et en
imposant des répétitions à ceux qui sont trop faibles
pour suivre avec fruit certaines branches, on finira
par les mettre tous à peu près au même niveau. La
plupart des écoles de commerce ont des écoles préparatoires, avec des cours d'un ou même de deux ans,
pour les élèves qui n'ont pas le développement exigé.

La grande École polytechnique de Zurich et l'Université de Leipzig ont près de la moitié de leurs étudiants venant du dehors; c'est ainsi qu'elles sont
parvenues à rivaliser avec la Sorbonne et l'Ecole polytechnique de Paris. On ne peut trop recommander la
même largeur de vues en France; sans doute que des
villes comme Paris, Tours, Pau attireront toujours
des étrangers qui mettront leurs enfants dans les

institutions du pays ; mais l'Allemagne et la Suisse se sont fait au loin une réputation pour leurs écoles uniquement ; chaque année on y voit arriver des milliers d'enfants qui ne viennent y chercher autre chose que leur instruction. La France avec son beau climat, ses mœurs aimables, sa langue universelle, ses nombreuses collections, tous les agréments que peuvent offrir le confort et la richesse, est bien placée pour soutenir la concurrence avec les autres pays. Ces jeunes gens rendraient au pays une partie de l'argent dépensé pour ceux qu'on envoie à l'étranger, et ils apporteraient des idées nouvelles qui ne seraient pas sans utilité.

Le choix des professeurs doit aussi se faire plus librement. On comprend les préoccupations actuelles du gouvernement : il veut faire passer l'enseignement tout entier aux laïques ; il n'aura ni trêve ni repos aussi longtemps qu'il n'aura pas atteint ce grand résultat ; il sera souvent forcé de procéder avec rudesse contre la réaction : raison de plus pour ne pas se priver des ressources que pourrait lui offrir l'étranger. Sans doute que les diplômes français ont de la valeur, mais les diplômes étrangers, j'entends les diplômes sérieux, n'en ont pas moins ; et il faut bien avouer, en outre, que le diplôme n'indique pas toujours la valeur d'un homme. Rien n'est plus impossible à classer, à mettre sous étiquette, que l'intelligence, et l'on a vu surgir souvent de grandes célébrités parmi ceux dont les études avaient été les plus irrégulières, les plus négligées.

On pourrait donc avantageusement faire entrer en

ligne de compte d'autres éléments offrant des garanties plus sérieuses, peut-être : l'expérience acquise, des certificats, des publications ou d'autres travaux, et même des examens, comme cela se pratique dans quelques cantons suisses. Chaque fois qu'une place devient vacante, on la met au concours, et l'on y appelle celui qui paraît le plus capable, mais sans exiger que les titres de tous soient identiques.

Les chambres de commerce sont mieux placées en quelque sorte que l'Etat pour découvrir les hommes dont elles ont besoin, parce que le nombre en est restreint et qu'elles peuvent voir en détail les raisons qui recommandent un professeur plutôt que ses concurrents. Avec toute la bonne volonté, on ne parviendra pas à réunir un personnel suffisant à tous égards dès les commencements pour les écoles de commerce. L'instruction seule ne suffit pas toujours; certaines matières : la comptabilité, l'étude du commerce et des marchandises, demandent des connaissances spéciales que l'on n'acquiert qu'imparfaitement même à l'Université, et pour lesquelles les Allemands recherchent des hommes ayant la pratique des affaires et que des circonstances particulières ont conduits ou reconduits au professorat; pour les langues, ils procèdent d'une manière que j'exposerai plus loin.

VI

Voyages d'instruction.

Les écoles de commerce ont reconnu la nécessité de faire des voyages pour donner aux élèves des idées précises et pratiques sur les cours qu'ils ont reçus. L'étude des marchandises ne peut se faire complètement au moyen d'un musée, si riche soit-il, et il faut voir les fabriques et les manufactures pour s'en faire une idée et en comprendre l'organisation. — Quelques écoles se contentent d'un voyage annuel à la fin des études supérieures, d'autres en font cinq ou six chaque année en compagnie du directeur et de ceux des professeurs qui s'entendent à ces matières.

Ces voyages remplissent bien le but pour de simples écoles commerciales; mais ils sont insuffisants pour les Académies et pour les écoles des hautes études commerciales. Là il devient nécessaire de dépasser quelquefois les frontières. Celle de Vienne conduisit une année la classe supérieure jusqu'à Benni-Hassan dans l'Egypte centrale, par les provinces danubiennes, Odessa, Constantinople, Smyrne, Alexandrie, le canal de Suez, le Caire, et, au retour, Athènes, l'Adriatique et Trieste.

Pourquoi l'École des hautes études commerciales de Paris, qui aura à sa disposition des ressources bien supérieures, ne viserait-elle pas les colonies, l'Amérique, ou n'entreprendrait-elle pas le tour du monde?

Quelle excellente préparation pour un négociant, pour un consul qui ira demander sa fortune à l'étranger ! Puisqu'on a vu des *étudiantes* américaines parcourir l'Europe et faire une pointe en Asie, avec une indépendance qui en aurait remontré à bien des hommes, rien ne reste maintenant dans le domaine de l'impossible, et il suffit pour réaliser un pareil projet qu'on en ait reconnu l'utilité.

VII

Diplômes, certificats d'études.

A côté des diplômes qui existent déjà pour les études classiques, pour les ingénieurs, les médecins, les jurisconsultes, etc., si l'État se décidait en France, comme il l'a fait en Belgique, à créer le grade de *licencié en commerce*, il est probable que l'on verrait les instituts commerciaux sortir de terre comme des champignons, et que les élèves arriveraient par milliers. Maintenant que le gouvernement est bien décidé à en finir avec la routine, avec les préjugés, héritage du moyen âge, à ne respecter de l'ancien régime scolaire que ce qui est respectable ; à mettre la cognée à tout ce qui est suranné et languissant, on ne voit pas pourquoi il n'établirait pas des diplômes pour la classe la plus nombreuse peut-être de la société. Non que je veuille ériger le diplôme en talisman propre à conduire à tout, ni prétendre que les *diplômés* soient seuls capables ; on n'a pas besoin d'avoir vu beaucoup ni de posséder une grande expérience pour savoir qu'on trouve des nullités à parchemins de tout genre, et aussi de rares distinctions en dehors de la consécration officielle.

Le temps conduira sans doute à l'abolition de la plupart des diplômes, quand le monde sera assez civilisé pour comprendre qu'ils ne sont presque jamais l'expression de la vérité, et que, si les nécessités de la vie sociale exigent qu'il y ait encore des tribunaux et des juges pour les criminels ou les délinquants, un homme n'est jamais bon juge de l'intelligence, des capacités d'un autre, parce que, si impartial ou pénétrant qu'il soit, il reste toujours par certains côtés à son point de vue individuel, qui n'est celui de personne d'autre ; que, pour bien apprécier, il faudrait pouvoir entrer dans la peau (passez-moi l'expression familière) de celui qu'on examine ; et encore se tromperait-on, puisque chacun de nous s'ignore lui-même, et que ce sont les circonstances seules qui mettent en évidence ce dont nous sommes capables. Le modeste étudiant de Brienne se doutait bien peu qu'il serait un jour premier consul, qu'il se couronnerait à Notre-Dame, et que tous les trônes de la terre auraient à peine suffi à satisfaire son ambition.

Je connais un père de famille qui a envoyé son fils dans plusieurs universités, qui lui a inspiré la conviction que la vraie supériorité réside dans une solide instruction, qui l'a conduit au point où il aurait conquis sans difficulté plusieurs titres de docteur. Eh bien ! il ne lui a fait prendre aucun grade ! il a dédaigné la *classification* pour son fils ; et celui-ci, tout jeune encore, apporte déjà une grande habileté et beaucoup de sens pratique à la conduite d'importantes affaires commerciales et industrielles.

Cependant un diplôme, sans donner la mesure d'un homme, peut rendre de grands services à l'entrée dans la vie active. Tous n'ont pas le privilège de relations influentes et n'entrent pas de plain-pied dans des positions avantageuses. Pour ceux qui doivent faire leur chemin par eux-mêmes, le diplôme équivaut souvent à de bonnes recommandations; en tenant compte des circonstances dans lesquelles nous vivons, on ne peut que faire des vœux pour la création de diplômes de commerçants (1).

En attendant ce progrès, quel est le moyen d'y suppléer dans une certaine mesure? car la première condition de prospérité d'une école, c'est que l'élève sache qu'il travaille pour un but précis; c'est qu'en entrant, il connaisse bien le point d'arrivée. Ce sont les *certificats d'études*, délivrés à la suite des examens

(1) Nous reviendrons sur ce sujet dans notre ouvrage sur la *Réforme de l'Éducation nationale*, et ce sera pour nous prononcer énergiquement *contre* la création de diplômes de commerçants.

En 1879, quand parut la première édition de cette brochure, à notre retour de longs voyages à l'étranger, nous n'étions pas encore au courant de ce qui se passe en France *derrière les coulisses*, et si nous pressentions dès lors que le régime seul de la liberté est fécond, nous étions loin de nous douter des ravages épouvantables du régime de la protection.

N'a-t-on pas vu des politiciens prétendre régénérer notre agriculture par la création de l'*Ordre du Mérite agricole?* Vous verrez qu'un de ces jours on nous proposera de relever nos finances par la création de l'*Ordre du Mérite boursicotier.*

définitifs, ou mieux après que le personnel enseignant a constaté que l'élève a acquis le degré de connaissances et de maturité auquel peut conduire l'école.

Quand ces certificats auront été consacrés par l'usage, qu'ils seront connus dans le pays, que les négociants auront appris à en apprécier la valeur, on ne peut douter qu'ils ne rendent aux jeunes négociants les mêmes services qu'un document ministériel ; peut-être même, en raison de leur origine, inspireront-ils plus de confiance aux chefs des maisons de commerce.

L'administration de l'École ferait bien aussi de se renseigner sur les emplois vacants pour y placer ses élèves. Combien de patrons seraient heureux de se procurer des apprentis dans d'aussi bonnes conditions : ce serait une garantie pour les uns comme pour les autres.

VIII

L'Enseignement des langues (1).

La préoccupation essentielle de l'École de commerce est l'étude des langues étrangères. A qui peuvent-elles rendre de plus grands services qu'au négociant ? surtout au grand négociant, appelé à voyager et désireux de s'entretenir avec ses correspondants dans

(1) Ce chapitre, qui rentre dans le suivant, est traité séparément à cause de son importance.

leur propre idiome. Outre les avantages d'un ordre plus élevé qu'entraîne avec elle l'étude d'une langue étrangère, excellent moyen d'éducation puisqu'elle donne la clef des trésors intellectuels d'une nation civilisée, les rapports innombrables qu'entretiennent de nos jours les peuples entre eux, par écrit et verbalement, font de l'ignorance des langues une lacune extrêmement regrettable chez un commerçant. Lors même qu'il pourrait se dispenser des autres études, sa carrière réclame celle-ci ; et c'est là que l'Ecole de commerce satisfait à ses besoins de la manière la plus heureuse, en donnant à cette étude une nouvelle direction, avec certains éléments propres à développer les élèves dans le sens de leur spécialité, comme la correspondance commerciale, etc.

Évidemment elle ne l'entreprendra pas à un point de vue utilitaire uniquement ; elle tiendra compte des besoins généraux, elle conduira au style écrit aussi bien qu'à la conversation ; elle mettra l'élève en état de comprendre et d'apprécier les plus nobles esprits des nations étrangères, sans l'éloigner pour cela du travail qui est spécial à sa vocation.

Aucune étude n'est plus propre à donner du ressort à l'esprit que celle des langues. Ne contient-elle pas l'essence même des nations : leur philosophie, leur religion, leurs mœurs, leur histoire, même leur géographie ? Nos langues dérivées du Midi ne remontent-elles pas, à travers les siècles, jusqu'à leurs sources grecque, latine, gauloise, germanique ? La ressemblance des procédés de toutes nos langues européennes dans la déclinaison, la composition des mots, la grammaire générale en un mot, n'est-elle pas une source incomparable de réflexions?

Sous aucun rapport une réforme n'est plus urgente dans toutes les écoles françaises. Écoutez le conseil que donnait, il y a près d'un siècle, Bernardin de Saint-Pierre à l'Assemblée nationale : « On retranchera donc de l'éducation de la jeunesse une partie des années employées à la stérile étude de la langue latine, *qu'on peut apprendre par l'usage, méthode plus courte, plus sûre et plus agréable que celle de nos grammaires;* on y joindra *l'usage* de la langue grecque, dont l'étude est beaucoup trop négligée parmi nous. »

On croit généralement qu'il faut commencer par les langues anciennes pour apprendre les langues modernes ; la route inverse, quoique peu pratiquée, est tout aussi bonne, peut-être même préférable. Alfieri apprit le grec à cinquante ans et il y devint assez fort pour composer des inscriptions originales ; le Dr Schliemann, l'homme le plus savant de notre époque sur le monde grec, et dont les découvertes ont fait tant de bruit, n'a pu réaliser que très tard son projet d'étudier la langue d'Homère, bien qu'il l'eût conçu à l'âge de quatorze ans, quand il était garçon de magasin chez un épicier.

Si du moins on apprenait bien le latin et le grec après tant d'années de travail ingrat, mais il n'en est rien. En mettant la charrue avant les bœufs, c'est-à-dire l'étude des déclinaisons et des autres *faits* grammaticaux, avant celle de la langue elle-même, on dégoûte les enfants d'un travail qui, bien entendu, leur donnerait plus de jouissance que tout autre.

Les sciences sont aussi enseignées trop tôt ; avant l'âge où l'éducation prend une direction spéciale, on devrait s'en tenir à l'histoire, la géographie et l'arithmétique.

Le point capital, c'est de rendre l'étude des langues *obligatoire*. Aussi longtemps qu'elle ne sera que facultative, surtout avec des programmes déjà surchargés, on n'arrivera à rien de satisfaisant.

Celui qui parcourt les rues de Londres voit parfois des affiches ainsi conçues : « *No humbug! French taught in* TEN *lessons!!!* (terms moderate). »

Les naïfs s'y laissent prendre ; mais il est rare qu'ils continuent jusqu'à la dixième leçon, malgré les « moderate terms ».

Pour arriver à la connaissance approfondie d'une langue, il faut de longues études. Qui pourrait s'imaginer qu'on s'assimile facilement « *l'âme d'un peuple* », selon la belle expression de Schiller ? C'est un travail de toute la vie, mais avec cet avantage qu'une fois les difficultés du commencement surmontées, cette espèce de malaise, que je ne puis mieux figurer qu'en le comparant à celui qu'on éprouve à regarder un paysage à travers un verre trouble, fait place aux jouissances les plus élevées : chaque jour ajoute de nouvelles richesses au trésor déjà acquis. La lecture, la société, les voyages deviennent vos maîtres et des maîtres avec lesquels vous n'aurez que du plaisir et jamais de contestations.

Sans vous tourmenter à confier à votre mémoire des mots qui refusent d'y entrer isolés, à apprendre la terminaison sans connaître le radical, prenez la tâche de front : lisez, lisez dès la première leçon ; votre maître vous fera traduire, beaucoup verbalement, un peu par écrit chez vous ; il s'entretiendra avec vous dans la langue que vous apprenez, et bientôt vous serez étonné vous-même de vos progrès.

J'entends quelqu'un me dire : C'est une méthode de bonne d'enfants que vous nous proposez là. — Précisément : c'est aussi celle qu'a employée votre mère dans votre enfance pour vous apprendre la « langue *maternelle* », et, croyez-moi, il n'y en a pas d'autre. Rien ne vous force, d'ailleurs, de rester à des puérilités si votre intelligence est développée ; à vous attarder à répéter papa, maman, frère, sœur, ou des phrases comme en proposait une grammaire fameuse : « Avez-vous le matelas du Turc ? — Non, mais j'ai le sel de ma tante. » — Vous pouvez aborder immédiatement Lamartine, Victor Hugo, Gœthe, Goldsmith, Goldoni, Manzoni, Cervantes même, tous les grands génies, en choisissant parmi leurs chefs-d'œuvre les plus simples. Un professeur possédant une culture variée saura donner une grande portée à une leçon de conversation et l'élever au niveau des cours les plus sérieux par des excursions sur le domaine de l'histoire, de la géographie, de l'économie même, dont il fera une excellente répétition, tout en appelant l'attention sur les expressions propres à chaque idiome.

On rencontre des gens qui vous disent : Tout cela est bon pour des Allemands, pour des Russes ; mais, nous autres Français, nous n'avons pas de talent pour les langues. — Vous vous calomniez, soyez-en bien certains. Du moment où la France a produit des linguistes comme Champollion, Anquetil Duperron, les Burnouf, Renan, Littré, et tant d'autres dont les noms illustres sont dans la mémoire de chacun, il n'est pas soutenable que cette aptitude manque aux Français. Leur faiblesse ne s'explique, comme pour la géographie, que par l'insuffisance des efforts et des moyens employés jusqu'à présent.

L'*obbligatorietà et la conversation!* voilà les moyens infaillibles, en France comme ailleurs.

Quelles sont les langues appelées à jouer un grand rôle dans les écoles de commerce? La *langue maternelle* avant tout, sans laquelle on n'acquiert jamais une connaissance approfondie des autres. Les Russes négligent la leur pour la nôtre dans les hautes classes, et ils ont tort; il leur en reste quelque chose de superficiel, l'impossibilité d'écrire correctement les langues étrangères, et, en général, des connaissances tronquées, sur lesquelles beaucoup de gens se font des illusions que ne conserve guère celui qui a eu l'occasion de les voir de près.

Le français possède d'ailleurs de grandes qualités : sa clarté, qui en a fait la langue des diplomates et même la langue universelle (la statistique prouve qu'aucune autre n'est si généralement connue). C'est la langue des salons, des gens aimables, des journaux, à laquelle se sont convertis même les journalistes allemands, de la correspondance avec ses modèles incomparables du genre, madame de Sévigné, Voltaire et tant d'autres. Rien n'égale la perfection de la prose française, et c'est là une recommandation toute spéciale pour le négociant.

Celui qui ne se préoccuperait que de l'utilité commerciale placerait l'anglais immédiatement après la langue maternelle, et au-dessous l'allemand, l'italien, l'espagnol. Mais si nous entrons dans un autre ordre d'idées, préférable au point de vue de l'éducation, nous accorderons la priorité à celle des langues étrangères qui offre les plus grandes ressources de tout genre, non seulement en elle-même, mais par rapport aux autres ; à la plus originale, la plus riche, la plus flexible ; à la langue de la poésie et de la philosophie, à la seule qu'on puisse comparer au grec ancien : *à la langue allemande.*

Par l'étude de l'anglais, vous pénétrez bientôt dans une littérature sympathique, morale, peignant avec bonheur la vie domestique ; vous acquérez aussi un trésor précieux pour vos voyages et vos affaires. Dans l'italien et l'espagnol, ces deux sœurs plus harmonieuses du français, vous trouvez la clef des beaux-arts et de la nature exubérante des pays du soleil. Mais l'allemand vous offre plus encore que tout cela : l'explication (1) sinon l'étymologie d'une multitude de mots, explication qui supplée dans une certaine

(1) Ex. : Aqueduc, Wasserleitung ; amorce, Anfeuerungszeug ; azote, Stickluft ; allié par serment, confédéré, huguenot, confédération, eibgenoß, Eibgenossenschaft ; comminatoire, bebrohlich ; circonlocution, Umschreibung ; circonstance, Umstand ; circonspection, Behutsamkeit ; duc, attirer, conduire, élever, éducation, Herzog, herziehen, erziehen, Erziehung ; dénigrer, anschwärzen ; extirper, auswurz.ln ; hydre, Wasserschange ; hydrogène, Wasserstoff ; oxygène, Sauerstoff ; ophtalmie, Augenkrankheit ; sclérotique, Augenhornhautentzündung ; préséance, Vorsitz.

mesure à la connaissance des langues anciennes ; il vous fait entrevoir des domaines inconnus parce que le français n'y arrive pas, et vous êtes tout étonné de comprendre des écrivains qui vous avaient paru obscurs dans des traductions nécessairement insuffisantes et qui ont répandu le préjugé que l'esprit allemand reste toujours imprégné des brouillards du Nord ; vous avez toute la philosophie moderne qui vous fera mieux apprécier Descartes lui-même en vous fournissant des termes de comparaison. Mettons-nous donc résolument à cette étude, malgré ses terribles consonnes : '' Eintracht macht stark sprach, vor der Schlacht, Niklaus von Scharnachthal '', en réfléchissant que si la politesse nous engage à savoir la langue de nos amis, *la politique* veut que nous sachions surtout celle de nos ennemis, et leur géographie, comme ils savent les nôtres.

L'allemand est tout d'abord antipathique à la jeunesse, à cause de la nouveauté et de l'énergie sauvage de ses formes. Raison de plus pour en entreprendre l'étude de bonne heure, et en exiger la compréhension pour les examens d'entrée à l'École de commerce.

L'*anglais* s'apprend très bien après l'allemand et doit former la troisième langue *obligatoire pour tous les élèves sans exception*. Comptez sur un minimum de douze heures par semaine dans chaque classe et disposez vos programmes en conséquence.

Après ces trois langues, l'espagnol et l'italien (d'autres langues même : l'école de Venise a institué un cours de japonais) satisferont à des besoins spéciaux, pour les voisins de ces pays et ceux qui y entretiennent des relations.

En définitive, les parents ne se montreront pas très exigeants peut-être pour certaines matières qu'ils n'ont jamais connues ou que le temps fait oublier ; mais si leur fils ne sait pas se tirer d'affaire avec trois langues au moins ; s'il est embarrassé pour répondre aux amis étrangers dans leur propre idiome, ils seront désappointés et lui demanderont à quoi on lui a fait perdre son temps à l'École de commerce.

Les autres lacunes sont faciles à combler pour un jeune homme qui est fort sur les langues : n'a-t-il pas des ressources infinies dans la lecture, et, chaque fois qu'il lira un bel ouvrage étranger, n'ajoutera-t-il pas une multitude de connaissances à celle de la langue elle-même, qu'il ne perdra jamais pour peu qu'il possède de l'énergie et de l'esprit d'initiative.

Ceux qui ont voyagé sans savoir les langues se souviennent à quels obstacles ils se sont heurtés ; comment ils ont été trompés ; combien d'affaires avantageuses ils ont manquées ; tout agrément fait défaut, et ils auront souvent passé devant les choses les plus intéressantes et les plus instructives sans en soupçonner même l'existence.

On ne rencontrera peut-être pas la même pénurie de professeurs de langues que pour la comptabilité ou l'étude du commerce : celui qui saura s'y prendre pour faire parler ses élèves en peu de temps, qui aura le talent de captiver leur attention, de les intéresser dès les commencements, remplira déjà les conditions requises ; et s'il se rend bien compte des besoins spé-

ciaux de son enseignement, il ne tardera pas à satisfaire à toutes les exigences.

Certains cours : ceux de dessin, de calligraphie,
même d'histoire et d'économie politique, permettent
de faire des classes nombreuses, soit parce qu'ils ne
contraignent pas l'élève à une grande tension d'esprit,
soit parce que leur mérite dépend surtout du talent
d'exposition du professeur.

Il n'en est pas de même des langues qui s'apprennent par l'interrogation et où l'élève acquerra de l'habileté à la condition que son tour revienne fréquemment. Cette difficulté a été résolue en divers pays par
la création de classes parallèles, toutes les fois que se
présente le cas très favorable d'un encombrement.
Ainsi, les écoles saxonnes ne dépassent jamais le nombre de trente élèves pour les langues; au trente et
unième on les divise en classe *a*, *b*, *c*, etc. L'École
industrielle supérieure de Bâle avait déjà atteint, il y
a une dizaine d'années, la lettre *f* pour une de ses
classes, ce qui ne faisait pas moins de six subdivisions.

Ce système entraîne de grandes dépenses et une
augmentation considérable du personnel. Il n'est pas
rare de voir deux ou même trois professeurs pour une
langue; généralement les classes supérieures sont
confiées à un étranger capable de faire ressortir les
finesses, les beautés intimes, l'essence même de sa
langue, tandis qu'on prend des nationaux pour les
classes inférieures, où il importe de présenter à l'élève
la comparaison de la langue étrangère avec celle du
pays.

Les grandes écoles ont même un professeur qui connaît les principales langues qu'on y enseigne, afin d'en faire avec les élèves une étude comparative, et de leur donner les vues d'ensemble, les analogies et les divergences des langues de notre rameau indo-européen ; non pas de la haute philologie qui serait un hors-d'œuvre, mais un cours pratique qui peut être rendu très attrayant et qui est aussi indispensable pour la correspondance commerciale.

Quand les langues auront pris dans l'enseignement français le rang que leur assigne leur importance, elles conduiront aux résultats les plus satisfaisants, parce que l'étude n'en est pas circonscrite dans d'étroites limites, qu'elle touche à presque toutes les autres, et contribue à un haut degré à donner ces connaissances générales que doit posséder l'homme cultivé.

J'ai quelque soupçon que si l'usage regrettable des grammaires *théoriques* s'est perpétué si longtemps, malgré les graves critiques qui en ont été faites, cela provient en grande partie de ce que les professeurs de grec et de latin n'étaient pas toujours très forts sur la langue qu'ils enseignaient ; que peut-être même ils n'auraient pas toujours été capables de traduire un auteur quelconque à livre ouvert, qu'ils ne voyaient pas très clair dans les textes et ne pouvaient les déchiffrer avec ce plaisir communicatif que l'on éprouve à la lecture d'un écrivain familier. Aussi se bornait-on prudemment à quelques chapitres de César, de Tite-Live, de Salluste, à l'*Andrienne* ou l'*Aululaire*, à deux ou trois livres de l'*Énéide*, toujours les mêmes. Mais si ma supposition tombe juste, je me garderai bien d'en rejeter la faute sur des maîtres que les circonstances ont souvent forcés à travailler trop tôt, à trouver un gagne-pain avant d'avoir terminé leurs études. La vraie cause du mal est celle déjà mentionnée : l'exiguïté des traitements. Les hommes capables ne manquent pas, mais s'ils sont mal rétribués, ils cherchent leur avenir dans une autre carrière, et ils ont raison. En attendant, l'enseignement en souffre, c'est-à-dire la jeunesse, le premier des intérêts sociaux. *Payez bien les professeurs*, et vous serez *considérés...* comme les vrais amis du peuple.

Il est équitable de reconnaître que de grandes améliorations ont déjà été faites dans ce sens; espérons qu'on ne s'en tiendra pas là, et que le budget de l'instruction publique dépassera un jour de beaucoup celui de la guerre, comme en Suisse et aux États-Unis.

IX

Programmes.

Aussi longtemps qu'on s'est attaché à n'avoir que des cours absolument semblables dans tout le pays pour les institutions de même genre; à étreindre la science infinie dans une route battue, dans un étroit sentier, bien ratissé, bien enfermé de haies émondées qu'il était défendu de franchir, on a pu rédiger des programmes précis, les imposer aux professeurs, ce qui après tout faisait assez le compte de quelques-uns d'entr e eux ainsi que de la généralité des élèves, qui manifestaient le plus superbe dédain pour toute excursion au delà des bornes officielles; mais c'était la mort de toute initiative et de toute originalité. Les Allemands n'ont pas tardé à reconnaître combien il est préférable de s'en remettre au bon sens de chaque professeur du soin de communiquer ses connaissances selon sa méthode individuelle. Ils en sont même venus à faire leurs *programmes*, non pas pour le commencement, mais pour la fin de l'année, pour les examens; programmes qui ne sont plus cette sèche nomenclature que nous connaissons; dans lesquels circule la vie, parce qu'ils sont un vrai résumé des matières traitées par le professeur, de ce qu'il aime et de ce qu'il fait aimer à son auditoire.

Un admirateur de l'officiel se récrie : « Que devient avec un tel système *l'uniformité* de l'enseignement? cette uniformité précieuse dont était si fier un ministre qui proclamait en termes pompeux devant une illustre assemblée que « ce jour-là même, 21 mars 186., à trois heures précises, dans tous les lycées de France, on expliquait la même fable de Phèdre ! »

Ah ! certes, cette glorieuse uniformité est détruite..., et le mal n'est pas grand; car s'il existe une chose *une* et *indivisible*, à coup sûr ce n'est pas l'enseignement.

Si une semblable innovation prévalait, ce serait aussi la ruine de ces ouvrages qui mettent en titre :

« Méthode pour l'enseignement *stéréotype* des langues. » Voilà au moins un mot à effet : *stéréotype !* comprenez-vous bien « *comme moi* », toute la beauté de cette sentence : *Enseignement stéréotype des langues !* Comme il doit être savant et profond celui qui a trouvé cela ! qui a coulé dans le bronze, immobile comme le Sphinx, l'enseignement de toutes les générations à venir ! C'est plus fort mille fois que les « humeurs peccantes » de Sganarelle.

D'ailleurs, il est clair que le professeur doit justifier la confiance accordée d'abord provisoirement ; que s'il sortait habituellement de son sujet pour passer tout un hiver à pérorer sur les ruines de Pompéi quand il est chargé d'un cours sur l'Australie et l'Amérique (comme faisait un honnête Genevois de ma connaissance), au bout de peu de temps on y mettrait ordre ; en Allemagne comme partout, on le renverrait bien vite à ses moutons.

Quand un homme a été appelé à des fonctions pour des mérites reconnus, il serait vraiment absurde de le supposer si dénué de discernement que d'aller traiter des matières du ressort de ses collègues, qui recueilleraient l'honneur de son travail, tandis qu'il laisserait sa propre tâche en souffrance.

Une fois ce *compte rendu* de l'année substitué à l'ancien programme, il devient plus difficile d'indiquer avec précision les matières de l'enseignement commercial ; je me bornerai donc à en donner un aperçu, les traits généraux, le canevas sur lequel chacun peut broder selon ses vues particulières.

Dans les classes d'apprentis, le manque de temps exige un programme simple, limité aux matières que ne peut ignorer un négociant : l'étude du commerce, la tenue des livres et la comptabilité en général, la correspondance, l'arithmétique commerciale, la géographie, l'histoire, l'étude des marchandises, la langue maternelle, et une ou deux langues étrangères, l'anglais et l'allemand ou l'espagnol.

Dans l'École de commerce proprement dite, avec les élèves réguliers de quatorze à dix-sept ans, on peut traiter des sujets variés, et arriver bien au-dessus d'un travail superficiel; on peut prétendre à former mieux qu'un habile comptable, auquel la routine des affaires donnera les perfectionnements nécessaires.

« L'École de commerce veut initier le jeune homme jusqu'aux fondements mêmes, aux bases du commerce et à toutes ses ramifications : lui faire connaître la position normale et équitable du négociant; l'orienter dans toutes les formes et modifications de cette carrière, avec les industries qui l'alimentent et les institutions de tout genre qui servent à son développement. Cette dernière partie de la tâche rentre déjà dans le domaine du droit commercial et de l'économie publique. C'est là, à proprement parler, la *science commerciale* (Handelswissenschaft) considérée comme une vraie monstruosité par certains écrivains, qui soutiennent que, de même qu'il n'y a pas de géographie physique ou mathématique, lors même qu'on y emploie des axiomes et des doctrines du domaine des mathématiques et de la physique; pas de technologie, parce qu'elle ne repose pas sur des manipulations uniquement, mais avant tout sur les principes de la mécanique et de la chimie, à plus forte raison n'y a-t-il pas de science du commerce ou des marchandises, ni même d'arithmétique commerciale. Quant à ces deux dernières branches, on sait qu'elles tiennent une place importante et rendent les plus éminents services dans les écoles de commerce. La pratique donne dans les cas les plus favorables une connaissance plus ou moins complète et approfondie des marchandises, en se limitant aux objets qui rentrent dans sa spécialité, et dont le champ va en se rétrécissant à mesure que la distribution du travail restreint l'activité de chacun à une seule partie. Sans doute que l'École ne peut donner une connaissance universelle de toutes les marchandises, connaissance qui, pour quelques-uns (les vins, les cotons, etc.), est le fruit de toute une vie d'expérience : elle n'a aucune prétention semblable, mais elle s'efforce de présenter une idée claire et précise de l'ensemble des objets faisant partie du domaine commercial.

« L'habileté dans le calcul commercial, basée sur une connaissance approfondie des règles fondamentales de l'arithmétique, ne s'acquiert pas dans les autres institutions, malgré son importance capitale pour le commerçant, dont les affaires exigent des calculs de tous les instants. Il est vrai que la nécessité et une longue pratique donnent aussi cette dextérité ; mais ici l'École de commerce ne se borne pas à préparer : l'élève atteint déjà dans beaucoup de cas le but sur les bancs de l'école, ainsi que le prouvent de nombreux exemples, et si l'on ne réussit pas avec tous, cela provient principalement de ce que les établissements préparatoires, malgré les promesses de programmes pompeux, négligent ordinairement le calcul d'une manière incroyable, et que l'École de

commerce, au lieu de pouvoir aborder immédiatement la partie spéciale de cette science, est forcée par
la mauvaise préparation de répéter la section élémentaire, dont les principes sont indispensables pour
les études ultérieures. L'arithmétique commerciale est
aussi une de ces branches qui ne peuvent se traiter
ex cathedra par un cours de professeur d'académie ;
un discours soutenu sur la matière ne conduirait à
aucun résultat, et il faut que le maître prenne l'é-
lève par la main en restant toujours à son point de
vue.

« Ce que l'on demande avec raison de l'École de
commerce, et qu'elle devrait toujours être en mesure
de réaliser, c'est de rendre le jeune homme qu'on lui
confie à ce point commerçant distingué, que la carrière pratique qui s'ouvre devant lui puisse lui fournir
le développement supérieur qu'il acquerrait à l'Université ; lui faire comprendre que cette pratique même
est un livre que l'École de commerce lui a donné les
moyens de comprendre et d'approfondir. C'est pourquoi on voit figurer sur ses programmes, à côté de la
langue maternelle et des langues étrangères, la *littérature nationale*, la *géographie*, l'*histoire* et les *éléments des sciences naturelles*. Serait-ce donc une con-
tradiction que de faire des exercices de style en même
temps que le cours de la Bourse et le change, et
peut-on considérer comme paradoxal un bon style
chez un négociant ?

« A l'étude si intéressante de la terre doivent être
jointes la statistique et les voies de communication :
dans les classes supérieures surtout, la géographie in-

ternationale doit être l'objectif, et là l'utile se trouve réuni à l'agréable. Il est naturel aussi que l'enseignement de l'histoire, à mesure qu'elle se rapproche de notre époque, se transforme en histoire du commerce; et que celle des dynasties et de leurs guerres cède le pas à l'histoire de la civilisation. Ne peut-on pas dire que le développement du commerce est un des principaux facteurs de la civilisation et un côté important et essentiel de la culture humaine?

« Les *mathématiques* comme moyen pour faire penser selon la logique, pour éclairer et fortifier l'intelligence, sont certes aussi bienvenues qu'importantes, et l'École de commerce ne peut faire autrement que de les prendre en grande considération pour les services qu'elles rendent en général, surtout aux négociants industriels; toutefois, si l'on considère à quel point toutes les matières intéressantes remplissent un programme, on doit chercher les moyens de l'alléger plutôt que de le surcharger.

« La *physique* et la *chimie* sont aussi du domaine de l'École commerciale, puisqu'elles rentrent dans la somme de connaissances que doit posséder tout homme cultivé, et qu'elles forment une partie importante de la technologie nécessaire pour l'étude des marchandises.

« La *calligraphie* et le *dessin* ne peuvent pas non plus être négligés.

« Enfin, c'est avec raison que les écoles de commerce font maintenant rentrer dans leur cercle d'activité l'*économie politique*. On leur a reproché quelquefois de trop peu faire dans cette direction; mais on aurait dû considérer que les élèves des écoles commerciales ne sont pas des étudiants d'académie, et que l'économie sociale, pour être traitée en détail, exigerait dans le programme un temps plus considérable qu'on ne peut y consacrer, et une maturité de jugement au-dessus de la généralité des élèves. Il suffit de donner quelques exemples : *l'impôt foncier*, *la liberté du commerce*, *les crises commerciales!* Je ne puis donc me ranger à l'opinion de ceux qui pensent que cette branche capitale d'études, qui est du domaine de l'investigation scientifique et philosophique, puisse déjà appartenir à l'école municipale, comme on l'a affirmé sérieusement, en ajoutant qu'on devrait, dans ce but, composer un traité *ad usum delphini*. L'économie est une branche pour les classes supérieures, et l'École de commerce ne peut embrasser dans ses travaux que les principes généraux.

« L'économie étend ses rameaux dans toutes les directions : le change, le crédit et toutes les institutions qui y sont relatives, etc., etc. J'ai toujours remarqué que les élèves intelligents suivaient ces matières avec le plus vif intérêt et qu'ils en retiraient des fruits. On ne peut leur présenter les détails de l'industrie productrice, ni de l'économie administrative. Mais il semblerait à d'autres égards qu'on veuille faire de l'économie générale le tout de la science du commerçant, une étude destinée à rendre les autres superflues, même ce que l'on acquiert par la routine et la pratique. Vous figurez-vous un jeune commis allant présenter tous ces raisonnements théoriques à un vieux praticien? Gardons-nous d'aller trop loin, et laissons cette grande place pour l'économie à l'académie commerciale, où elle deviendra, sur le terrain qui lui est propre, *l'alma mater* de la jeunesse (1). »

Les Académies ou les Écoles des hautes études commerciales, comme on semble vouloir les nommer avec plus d'exactitude en France, sans introduire d'autres matières générales dans leurs programmes, n'auront qu'à édifier sur les études précédentes : ce sera le couronnement de l'œuvre. Elles feront, en outre, un cours très étendu de droit douanier et de législation comparée pour initier les élèves consuls aux connaissances les plus nécessaires à leur carrière, et les mettre en état de savoir à l'occasion protéger les intérêts des ressortissants français à l'étranger. Dans les grands ports maritimes, elles pourront y ajouter des sujets très intéressants pour le commerce international, et dans les cités industrielles ou manufacturières des cours ayant trait à leur spécialité, comme on l'a fait pour le tissage à Lyon.

Le programme sous forme de compte rendu, d'invitation aux examens, offre un autre avantage que je veux encore mentionner. Comme il se renouvelle toutes les années, selon les indications et les idées particulières de chaque professeur (qui sont ainsi soumises à la critique), on peut y joindre des matières intéressantes : le récit d'événements importants pour l'école ; un hommage rendu à la mémoire d'un collègue décédé ; l'exposé de tel sujet scientifique dont un professeur a fait son étude de prédilection. Je

(1) Noback, programme cité.

trouve, par exemple, dans le programme de l'Académie viennoise de 1871 :

1° Un éloge du fondateur et directeur de l'Académie, *Franz Hauke*, mort quelques mois auparavant, écrit par le docteur *Richter;*

2° Une importante notice de 75 pages sur les emprunts et les autres fonds autrichiens cotés à la Bourse de Vienne;

3° Une narration du voyage d'instruction déjà indiqué, mis à exécution du 30 juillet au 20 octobre 1869, par onze étudiants, sous la conduite du docteur Filippo Zamboni, l'auteur du récit;

4° Enfin, le programme proprement dit avec la liste complète des professeurs, des étudiants et des ouvrages employés dans les cours.

Le tout forme un volume de 162 pages. Outre l'intérêt de semblables publications, elles contribuent pour leur bonne part à donner du relief à l'établissement, et une haute idée des études que l'on y fait.

LES
SEPT ÉCOLES COMMERCIALES

DE

LA FRANCE

Nous terminerons cette étude abrégée par quelques détails statistiques sur les écoles spéciales de commerce françaises, nous réservant de revenir sur ce sujet, de le traiter à fond, avec les causes et les conséquences, dans le grand ouvrage que nous préparons sur la réforme de l'éducation nationale.

Le nombre de ces écoles a été réduit à sept par la fermeture de celles de Lille et de Rouen, savoir, dans l'ordre de leur fondation :

1. L'École supérieure du commerce de Paris, 1820 ;

2. L'École commerciale de l'avenue Trudaine, 1863 ;

3 L'École supérieure de commerce et de tissage de Lyon, 1872 ;

4. L'École supérieure de commerce de Marseille, 1872 ;

5. L'École supérieure de commerce du Havre, 1872 ;

6. L'École supérieure de commerce de Bordeaux, 1874 ;

7. L'École des hautes études commerciales, 1881.

X

ÉCOLE SUPÉRIEURE DE COMMERCE

DE PARIS

1820

La première initiative de la fondation de cette école est due à deux négociants parisiens : MM. Brodard et Legret, qui en conçurent le projet en vue de préparer les jeunes gens aux affaires par des études spéciales, complémentaires de leur éducation générale.

Ils installèrent donc, à cet effet, dans l'hôtel des Fermes, rue de Grenelle Saint-Honoré, une institution d'un type tout nouveau, à laquelle ils donnèrent le nom d'*École spéciale de commerce*.

Il fallait à coup sûr une certaine hardiesse pour oser rompre ainsi en visière, comme le firent ces deux honorables négociants, avec les préjugés de leur époque, préjugés datant de loin, car notre société française destinée, dans l'idée de Charlemagne, à continuer ou même à reproduire la civilisation de Rome, qui professait le mépris le plus profond pour les carrières mercantiles, notre société, dis-je, avait vu renaître ces préjugés avec une nouvelle intensité à la suite des guerres de la République et surtout de l'Empire, qui avaient surexcité toutes les facultés brillantes de notre race, au grand détriment de nos qualités plus modestes, plus terre à terre, mais incontestablement plus nécessaires, plus indispensables, d'industriels et de commerçants.

Sous la Restauration, on ne pouvait rien être en dehors des carrières libérales. Quand on avait pris le dessus du panier : les avocats, les médecins, les littérateurs, les artistes, les fonctionnaires, tout le reste ne comptait pas.

Un marchand! Qui donc voudrait être marchand! Comment peut-on se faire marchand!

C'était une véritable dérogation, un aveu d'infériorité que de se destiner au commerce, et personne ne se serait imaginé que cette carrière décriée pût être l'objet d'études sérieuses.

Mais ces circonstances défavorables ne réussirent pas à ébranler la résolution de MM. Brodard et Legret, qui n'hésitèrent pas à transférer leur école dans les locaux plus spacieux de l'hôtel Sully, rue Saint-Antoine, dont les vastes bâtiments et le grand jardin furent mis à leur disposition.

C'est là qu'ils installèrent à grands frais un cabinet de physique, un laboratoire de chimie, des collections de marchandises; un nombreux personnel enseignant, secondé par un Conseil d'administration qui comptait parmi ses membres des hommes comme *Chaptal, Jacques Laffitte, Ternaux, Louis Marchand, Casimir Périer, J.-B. Say, Charles Dupin*, etc., Conseil qui se chargea d'arrêter les programmes d'enseignement,

car à cette époque on croyait déjà aux programmes
en France, comme nous y croyons encore, malgré leurs
innombrables déceptions.

Par une curieuse concession aux goûts de l'époque,
l'École adopta l'uniforme, porta l'épée et tous ses mou-
vements intérieurs se firent au son du tambour.

En France, par un contraste singulier, si l'on aime
beaucoup la routine, on a aussi un goût prononcé
pour la nouveauté.

Cela explique le succès de curiosité dont jouit l'É-
cole de MM. Brodard et Legret pendant les premières
années.

De tous les points du pays il leur vint des élèves ;
on leur en envoya même un bon nombre, un tiers environ, de l'étranger. Cette proportion entre les nationaux et les étrangers n'a pas sensiblement varié depuis.

Cependant l'École s'était laissé entraîner dès le début à des dépenses au-dessus de ses forces, dépenses
qui ne tardèrent pas à mettre en péril son existence
même.

Ses premiers fondateurs passèrent la main à des
successeurs, MM. Monnier des Taillades, Pelleport,
ce dernier assisté de deux directeurs des études,
MM. Poux-Franklin et Adolphe Blanqui.

La Révolution de juillet entraîna à sa suite la chute
de l'École.

Le dernier directeur des études que nous venons de
mentionner, Adolphe Blanqui, ne craignit pas de reprendre à son compte et en son nom personnel cette
périlleuse entreprise.

Blanqui donna à son école le nom d'*École supérieure de commerce*, qu'elle porte encore aujourd'hui.

Il quitta le somptueux hôtel Sully pour un immeuble modeste, rue Neuve-Saint-Gilles, et grâce à son savoir, à son expérience, à ses éminentes qualités comme administrateur, il réussit à poursuivre pendant vingt-cinq ans son œuvre et à lui conquérir une réputation des mieux méritées même à l'étranger.

En même temps que ses écrits le conduisaient au Parlement et à l'Institut, Blanqui réussissait à assurer à son école le concours du gouvernement, et dès lors elle fut connue dans le monde entier sous le nom d'*École Blanqui*.

Un ancien élève de l'École, qui devait pendant de longues années être le plus zélé des collaborateurs de Blanqui et de ses successeurs, fut l'économiste Joseph Garnier, dont le caractère aimable, uni à une valeur intellectuelle de premier ordre, conquit de nombreuses sympathies à l'Institution.

En 1839, Blanqui, voyant grandir d'année en année le succès de l'École, crut pouvoir revenir à une installation plus dispendieuse, et il se décida à la transporter à la rue Amelot, dans le local qu'elle occupe encore aujourd'hui.

Ce fut une faute : les frais d'administration montèrent de nouveau au-dessus des ressources de l'École ; les temps difficiles de l'hôtel Sully revinrent, et, après un quart de siècle d'une lutte énergique, Blanqui succomba à la tâche, en 1854, à peine âgé de 56 ans.

Il eut pour successeur Gervais de Caen, administrateur habile, qui sut relever la situation financière de l'École et en faire une entreprise fructueuse.

A la mort de ce dernier, treize ans après qu'il avait pris en main la direction de l'École supérieure de commerce, Gervais de Caen, qui n'avait pas d'héritiers directs, testa en faveur de la fille de Blanqui, et la direction de l'École fut confiée provisoirement à un de ses plus brillants professeurs, M. Aimé Girard.

Cependant, le nombre des élèves baissait et, malgré son passé remarquable, elle n'en comptait que 70 en 1869.

Ce fut alors que la Chambre de commerce de Paris se décida à en faire l'acquisition. Elle traita la même année avec mademoiselle Blanqui pour un prix de 120,000 francs, en sus d'un loyer annuel de 25,000 francs.

La Chambre de commerce nomma directeur de l'École M. Schwaeblé, ancien élève de l'École polytechnique, qui sut, grâce à son intelligence et à son énergie, rendre une certaine prospérité à l'École, dont le nombre d'élèves atteignait 92 à partir de la première année de sa direction.

M. Schwaeblé ayant succombé, jeune encore, à une maladie sans remède, en 1880, ce fut un de ses amis d'enfance, M. J. Grelley, professeur de physique à l'École, que la Chambre de commerce choisit pour recueillir sa succession.

Sans remonter jusqu'à la date de la fondation de l'École, nous donnerons ci-après la statistique du nombre des élèves depuis 1872 :

1872-73	100 élèves.
1873-74	105 —
1874-75	120 —
1875-76	140 —
1876-77	140 —
1877-78	150 —
1878-79	148 —
1879-80	135 —
1880-81	130 —
1881-82	120 —
1882-83	115 —
1883-84	122 —
1884-85	115 —
1885-86	110 —

C'est donc en 1878 que l'École atteint son plus haut point de prospérité. La diminution graduelle du nombre de ses élèves dans ces dernières années doit probablement être attribuée à la création de l'École des hautes études commerciales.

L'École supérieure de commerce admet depuis 1873 des demi-pensionnaires, qui y prennent leur déjeuner moyennant une rétribution de 1,000 francs par an.

Les *élèves internes* paient 2,000 francs par an pour leur pension de dix mois. Ceux qui passent leurs vacances à l'École paient 200 francs par mois de surplus.

Les élèves peuvent avoir une chambre particulière en payant un supplément de prix de 100 francs par trimestre. Moyennant un abonnement de 100 par an, ils peuvent profiter, pendant les récréations, des leçons de gymnastique, de danse, d'escrime, d'équitation, de canne et de boxe. Cet abonnement, facultatif pour les externes, est obligatoire pour les internes.

XI

ÉCOLE COMMERCIALE

DE

L'AVENUE TRUDAINE

1863

———

Les établissements d'instruction créés à Paris pour l'usage du commerce étant placés sous l'administration de la Chambre de commerce, celle-ci, disposant de ressources importantes vers 1860, crut ne pouvoir mieux les utiliser qu'en créant une nouvelle école d'un type sensiblement différent de celui de l'École Blanqui, laquelle était encore, à cette époque, une entreprise relevant de l'initiative privée.

Dans un rapport très complet, M. Denière, alors président de la Chambre de commerce de Paris, passait en revue toutes les créations destinées à répandre en France l'enseignement commercial et industriel, depuis les cours publics du Conservatoire des arts et métiers, fondés en 1794, jusqu'aux écoles municipales Turgot et Chaptal, sans oublier les trois écoles des arts et métiers de Châlons, d'Angers et d'Aix, établies en 1803 ; ni l'École centrale des arts et manufactures due, en 1829, à l'initiative de MM. Lavallée, Dumas, Ollivier, Péclet, et devenue, aux termes de la loi du 19 juin 1857, établissement de l'État ; sans oublier non plus ces cours multiples que l'on a ouverts, dans la plupart des quartiers de Paris, en faveur des élèves des classes populaires, cours dont profitent aussi fréquemment les adultes de l'atelier.

M. Denière concluait que la création d'une école prenant les élèves au sortir des classes primaires ne pouvait manquer de rendre les plus grands services aux jeunes gens qui se destinent à la carrière d'employés de commerce.

Il concluait aussi, avec infiniment de raison, contre la gratuité absolue de cet enseignement, car, dans son idée, la gratuité aurait offert le double inconvénient de « restreindre la portée des efforts de la Chambre de commerce et d'exonérer la famille d'une manière trop absolue des charges naturelles que lui impose l'éducation de ses enfants. »

M. Denière proposait pour la nouvelle école le nom d'*École commerciale*, dont l'installation se ferait de préférence dans un centre populeux.

Elle ne recevrait que des externes, âgés de douze ans, à la suite d'examens d'entrée justifiant d'une instruction élémentaire suffisante.

La rétribution scolaire proposée était de 220 francs par an, y compris les fournitures autres que les livres.

L'École devait, en outre, ouvrir des cours du soir pour les employés de commerce des deux sexes.

L'enseignement devait comprendre quatre années d'études.

14

La Chambre de commerce délivrerait aux meilleurs élèves des *diplômes* et des *certificats* de capacité.

Bien que M. Denière n'admît point la gratuité absolue, ainsi que nous venons de le voir, il ne se dissimulait pas cependant que les frais de première installation ne laisseraient pas que d'être assez lourds.

Malgré ses prévisions, le projet fut pris en très sérieuse considération par la Chambre de commerce, qui vota une dépense de 700,000 francs pour l'achat des terrains et la construction des locaux.

La nouvelle École, bâtie à l'avenue Trudaine, fut inaugurée en 1863 et clôturait sa première année avec 80 élèves, nombre qui se doubla l'année suivante, pour atteindre un effectif de 370 en 1869 et de 400 en 1876.

Dès lors, la cause de l'École étant définitivement gagnée, la Chambre de commerce décide la construction de cinq nouvelles salles, qui permettent de porter à un peu plus de 500 le nombre total des élèves.

FONDATION D'UNE ÉCOLE PRÉPARATOIRE A L'ÉCOLE COMMERCIALE

Le règlement de l'École commerciale porte que les élèves n'y seront régulièrement admis qu'à partir de 12 ans.

Cependant, la direction et le conseil de l'École ayant trouvé certains inconvénients à la diversité de préparation des élèves qui y arrivaient de tous les points de Paris, la Chambre de commerce se décida à de nouveaux sacrifices pour la fondation de cours préparatoires, où seraient admis les plus jeunes enfants, dès qu'ils sauraient lire, écrire et compter.

« L'organisation de cette petite école, pépinière de la grande dont elle est complètement séparée, ayant même une entrée particulière rue Bochard-de-Saron, fut confiée en 1874 à M. Bouglé, actuellement directeur de l'École. Elle a donné les plus heureux résultats.

« Ces cours préparatoires, qui comptent 250 enfants, sont divisés en plusieurs sections, suivant l'âge et la force des élèves. Ils sont répartis en cinq années, ce qui permet de recevoir les enfants de sept à huit ans et de les amener, entre l'âge de douze et treize ans, *très bien préparés*, dans les cours normaux. »

L'École commerciale de l'avenue Trudaine mérite une place hors pair parmi ses congénères françaises. « Modeste en ses allures, mais excellente par ses méthodes et le caractère pratique de son enseignement, elle a eu la bonne fortune de peupler le commerce et l'industrie de sujets d'élite ; elle est considérée, à juste titre dans Paris, comme la meilleure pépinière pour le recrutement d'un personnel laborieux, intelligent et solide. »

Après avoir payé notre tribut d'éloges à cette école remarquable à tant d'égards, nous ne voulons pas terminer sans exprimer un regret : c'est que l'étude des langues n'y soit pas à la hauteur de tout le reste.

A la vérité, l'étude de l'allemand, de l'anglais, de l'espagnol, figure dans ses programmes, — mais on fait, comme partout en France, *semblant* d'étudier ces trois langues étrangères ; en réalité, *on ne les apprend pas*.

Nous avons signalé cette lacune, en la déplorant amèrement, dans toute la première partie de cet ouvrage, notamment aux pages 10 et suivantes.

Nous ne reviendrons donc sur ce sujet que pour formuler le vœu suivant : Que la Chambre de commerce avise aux moyens pratiques de développer l'étude des langues à l'*École commerciale*, car il se présente, à Paris même, ce fait inouï et absolument monstrueux, c'est qu'un commerçant à qui l'on propose deux employés, l'un *français*, l'autre *allemand*, choisit invariablement ce dernier, parce qu'il *sait les langues*, et que le premier *ne les sait pas*.

XII

ÉCOLE SUPÉRIEURE DE COMMERCE ET DE TISSAGE

DE LYON

1872

———

Aussitôt que la France commença à respirer après les désastres de 1870, un grand mouvement d'opinion se manifesta.

On était unanime à reconnaître que si notre défaite était due, d'une part, à l'incurie de nos chefs de corps d'armée, d'un autre côté les Allemands avaient dû la victoire à l'excellente éducation de leur état-major, de leurs officiers et même de leurs soldats.

On avait pu constater que, dans toutes les armées qui nous envahirent pendant l'Année terrible, il y avait un nombre considérable de soldats connaissant notre langue et *notre pays* mieux que nous ne le connaissions nous-mêmes, pour l'avoir parcouru dans tous les sens et surtout pour avoir rempli des situations d'employés dans nos chemins de fer, dans nos usines, dans nos maisons de commerce et jusque dans notre *administration publique !*

Lyon, notre plus grand centre industriel après Paris, ne pouvait rester étranger à ces préoccupations, qui étaient celles de toute la France.

L'idée d'y fonder une école de commerce remonte même aux dernières années de l'Empire. M. Guérin, alors président de la Chambre de commerce, signalait combien il était regrettable qu'une ville de cette importance n'eût aucun enseignement commercial, alors qu'elle possédait des écoles industrielles de premier ordre, telles que l'École de la Martinière, l'École centrale, l'École des beaux-arts, et que les grandes maisons de commerce lyonnaises fussent tributaires de la Suisse et de l'Allemagne pour leurs employés, surtout pour ceux que l'on chargeait de la correspondance internationale.

Le successeur de M. Guérin à la présidence de la Chambre de commerce de Lyon, M. Galline, reprenait, en 1871, son idée de fonder une école de commerce et chargeait M. Philippe Testenoire, un de ses collègues les plus influents, de recueillir les capitaux nécessaires pour mettre ce projet à exécution.

En moins de huit jours, M. Testenoire avait réuni 1,100,000 francs, et la souscription fut close, cette somme paraissant plus que suffisante pour faire face à tous les besoins.

Cette première partie de sa tâche accomplie, M. Testenoire se mit à la recherche d'un directeur et d'un personnel de professeurs.

Il entra en correspondance avec l'auteur de cet ouvrage, le fit venir à Lyon au commencement de novembre 1871, et, après plusieurs réunions avec les membres du comité d'initiative, lui dit qu'il se proposait de le charger de constituer un personnel enseignant pour la nouvelle école dont on lui confierait la direction.

Sur ces entrefaites, une circonstance assez curieuse vint mettre fin à nos pourparlers.

L'École de commerce de Mulhouse, fondée en 1866, était déjà en pleine prospérité l'année de la guerre, puisqu'elle comptait trente-neuf élèves.

A l'arrivée des Prussiens, elle fit bonne contenance. Directeur et professeurs étaient décidés à faire, dans ces circonstances désastreuses, leur devoir jusqu'au bout.

On luttait courageusement, en dépit de l'annexion, depuis deux ans, lorsqu'au commencement de 1872, M. Hurbin-Lefebvre, professeur de sciences commerciales, fut arrêté et mis pendant quarante-trois jours au cachot, par l'autorité prussienne, sous l'inculpation du crime « de haute trahison ». En outre, le directeur et les professeurs de l'École furent brutalement invités à opter pour l'Allemagne, sous peine de fermeture de l'École.

Dans ces conditions, directeur, professeurs et élèves, la mort dans l'âme, quittèrent le pays natal pour rentrer en France.

M. Testenoire et les membres du comité d'organisation saisirent avec empressement une semblable occasion qui se présentait, dans des circonstances tout à fait inespérées, de trouver en même temps un directeur, un personnel expérimenté et même un bon nombre d'élèves pour sa nouvelle école.

Il m'écrivit pour m'exprimer ses regrets de ne pas tenir ses promesses envers moi, et je m'empressai de lui répondre combien j'étais heureux de le voir arriver à une solution aussi favorable, qui lui permettait de réunir de toutes pièces les éléments nécessaires à son entreprise, tandis que, s'il avait traité avec moi, je ne pouvais lui apporter que mon concours personnel, tout dévoué, sans aucun doute, mais qui ne pouvait être comparé à celui qui lui venait de Mulhouse d'une manière si inattendue.

M. Hurbin–Lefebvre venait de sortir de prison ; il entama une correspondance active avec plusieurs membres influents du comité d'organisation, et il se décida même à se rendre à Lyon, où il accepta, comme il y était autorisé, pour son directeur et ami de Mulhouse, le docteur Penot, les fonctions de directeur de l'École de commerce de Lyon, et celles de professeur pour lui-même et trois autres de ses anciens collègues de Mulhouse. Vingt-deux de leurs élèves les suivirent à Lyon, où les organisateurs s'occupaient activement d'aménager le magnifique hôtel qu'ils venaient d'acquérir, afin de pouvoir inaugurer la nouvelle école en octobre de la même année.

Ouverte en 1872 dans des circonstances aussi brillantes avec une division de l'École de Mulhouse, l'École de Lyon jouit d'une assez grande faveur dans les années qui suivirent, ainsi que le prouve le tableau de son effectif :

1872-73	40 élèves.
1873-74 124	—

<pre>
1874-75 . . . . 144 élèves.
1875-76 155   —
1876-77 . . . . 125 —
1877-78 141   —
1878-79 130   —
1879-80 106   —
1880-81 93   —
1881-82 87   —
1882-83 75   —
1883-84 96   —
1884-85 103   —
1885-86 99   —
</pre>

L'École de commerce de Lyon s'annexa une section de tissage à partir d'octobre 1876.

La Chambre de commerce alloua généreusement à cette création une somme de 50,000 francs, destinée à en couvrir les frais en partie ; l'État accorda une subvention de 10,000 francs.

Le nombre des élèves fut de 24 la première année, et il est resté dès lors à une moyenne de 17, avec une tendance à la baisse.

L'École de Lyon admet des *externes*, des *demi-pensionnaires* et des *internes*.

Externat. — Les frais d'études pour les externes sont :

De 300 francs pour chacune des deux années de la division élémentaire ;

De 600 francs pour chacune des deux années de la division supérieure, chiffre réduit à 500 francs en faveur des élèves ayant passé par les deux années élémentaires.

Demi-internat. — En sus des sommes mentionnées pour les externes, les demi-pensionnaires paient 350 francs par an le repas quotidien qu'ils prennent à l'école, et 5 francs d'étrennes aux domestiques.

Internat. — Le prix de l'internat, par année scolaire, pour chaque élève occupant une chambre particulière, est de :

2,200 francs dans les classes supérieures, ou de 2,100 francs pour ceux d'entre eux qui ont fait les deux années élémentaires ;

2,400 francs pour les élèves français de la division du tissage ;

2,800 francs pour les étrangers.

Au-dessous de seize ans, les élèves qui couchent au dortoir ne paient que 1,600 francs.

Volontariat. — La loi accorde aux élèves de l'École le bénéfice du sursis d'appel, dans le cas où ils n'auraient pas terminé leurs études au moment de faire leur service militaire. L'École prépare au volontariat, et elle a organisé des exercices militaires facultatifs.

On ne saurait se dissimuler ce fait infiniment regrettable : c'est que le nombre des élèves est en baisse à l'École de Lyon.

Et pendant ce temps, le commerce de la seconde ville de France emploie 10,000 Allemands et 5,000 Suisses !

XIII

ÉCOLE SUPÉRIEURE DE COMMERCE

DE MARSEILLE

1872

———

Au moment même où Lyon s'occupait d'organiser son enseignement commercial, le haut commerce de Marseille poursuivait avec succès la réalisation d'un projet identique.

Dans sa séance du 3 novembre 1871, la Chambre de commerce de Marseille, ayant reçu de quelques-uns des principaux négociants de la place l'exposé d'un projet de création d'une École supérieure de commerce, émit un vote d'approbation et se déclara prête à le prendre sous son patronage. Elle nomma même, séance tenante, une commission mixte, chargée de rechercher les meilleurs moyens de le réaliser à bref délai.

Cette commission se composait de MM. A. Armand, A. Grandval, Cyprien Fabre, membres de la chambre de commerce ; et de MM. J. B. Pastré, A. Courtot, G. Luce, C. Zafiropulo, C. Bargmann, J. Talon, auteurs du projet susmentionné.

Quelques-uns des membres de la commission rédigèrent :

1° Un plan d'études et d'organisation pédagogique de l'École ;

2° Un projet de statuts d'une société anonyme ayant pour but l'exploitation financière de l'institution projetée.

M. A. Rosier, ingénieur des arts et manufactures, fut en outre chargé d'aller étudier sur place l'organisation des écoles supérieures de commerce d'Anvers, de Mulhouse, du Havre, de Rouen et de Paris.

Ce fut le rapport de M. Rosier qui servit de base à l'organisation de l'École de commerce de Marseille, dont il fut le premier directeur, fonctions qu'il a exercées avec conscience et dévouement jusqu'à sa mort prématurée en 1882.

La société anonyme de l'École supérieure de commerce de Marseille fut constituée, pour une période de trente années, en assemblée générale, le 17 avril 1872, au capital de 450,000 francs, divisé en 900 actions de 500 francs, souscrites par 221 négociants marseillais.

La Société est administrée par un conseil de douze membres, dont deux choisis dans le sein de la Chambre de commerce et les dix autres par l'assemblée générale des actionnaires.

Voici la liste de ses membres :

Président honoraire : M. le président de la Chambre de commerce de Marseille.

MM. Etienne Zafiropulo, négociant, *président du Conseil ;*

H. Bergasse, armateur, *vice-président ;*

MM. Gouin, directeur de l'exploitation de la Société
générale des transports maritimes à vapeur,
secrétaire ;

A. Rey, président du Conseil d'administration
de la Société marseillaise de crédit industriel et commercial et de dépôts, *tréso-
rier ;*

J. Abram, banquier, président du Conseil général ;

Ch. Bargmann, directeur honoraire des Docks ;

C. Fabre, armateur, président de la Chambre
de commerce ;

Ch. Gros, ancien président du Tribunal de
commerce ;

Aug. Lagarde, membre de la Chambre de commerce ;

M. Michel, administrateur général des phares
de l'Empire ottoman ;

Eugène Pereire, directeur de la Compagnie
générale transatlantique ;

A. Rostand, directeur de l'agence du Comptoir
d'escompte de Paris ;

Ch. Roux, membre de la Chambre de commerce.

Dans ses premières séances, le Conseil d'administration de la nouvelle école procéda à la nomination
d'un directeur (M. A. Rosier), des professeurs chargés des différentes chaires d'enseignement, et enfin
d'un conseil de perfectionnement, composé des per-
sonnalités suivantes :

MM. J. Talon, vice-président du Conseil d'administration ;

C. Bargmann, membre du Conseil ;

Bouquet, ingénieur-chimiste ;

Hornbostel, avocat, ancien bâtonnier ;

Meynier, inspecteur des douanes ;

Rousset, professeur de chimie à l'École de mé-
decine ;

Stéphan, directeur de l'Observatoire de Marseille ;

Rosier, directeur de l'École ;

Bainier, sous-directeur ;

Bloquet, avocat, professeur de législation ;

Lejeune, professeur de sciences commerciales.

Le personnel enseignant se compose de seize professeurs, au nombre desquels figure M. Lejeune, qui
a été appelé à remplacer M. Rosier à la direction de
l'École, mais qui n'en a pas moins conservé son cours
de sciences commerciales dans les deux classes supérieures.

Les cours sont de trois ans ; l'âge minimum d'admission des élèves est fixé à quatorze ans.

L'École est un externat.

Les élèves dont les parents habitent Marseille ont
la faculté d'aller déjeuner dans leur famille ou de
prendre leur repas au buffet de l'École.

Les élèves qui n'ont pas leurs parents dans la ville
sont placés sous la responsabilité d'un correspondant
de leur famille.

L'École leur recommande les institutions qui reçoivent des pensionnaires.

Le programme des études comprend, au chapitre des langues, le français, l'anglais et une langue facultative à choisir entre l'arabe, le grec moderne, l'allemand, l'italien ou l'espagnol.

Le prix des cours pour les externes est de :

> 400 francs pour la 1re année.
> 600 — 2e —
> 600 — 3e —

Ce prix ne comprend ni les fournitures scolaires personnelles à l'élève, ni son déjeuner à l'École.

Les élèves internes paient :

> 1,800 francs pour la 1re année.
> 1,900 — 2e —

Ces prix comprennent dix mois de l'année, d'octobre au 31 juillet.

Chaque mois de vacances passé par l'élève à l'École est payé en sus 150 francs.

AUDITEURS. — L'École supérieure de Marseille admet dans toutes ses classes des élèves auditeurs, autorisés à suivre tous les cours, mais qui ne sont astreints ni aux examens d'entrée, ni à ceux de promotion, et qui, par conséquent, ne peuvent obtenir aucun titre à la fin de leurs études.

Le prix de l'auditorat est fixé à 400 francs pour la première année et à 600 francs pour chacune des deux autres.

Ainsi que le prouve la liste ci-après, l'École supérieure de Marseille est une des plus prospères de la France :

Exercice de 1872-73 . . . . . 44 élèves.
— 1873-74 . . . . 65 —
— 1874-75 . . . . 80 —
— 1875-76 . . . . 105 —
— 1876-77 . . . . 104 —
— 1877-78 . . . . 106 —
— 1878-79 . . . . 114 —
— 1879-80 . . . . 112 —
— 1880-81 . . . . 110 —
— 1881-82 . . . . 125 —
— 1882-83 . . . 116 —
— 1883-84 . . . . 140 —
— 1884-85 . . . . 120 —
— 1885-86 . . . . 112 —

Les désastres financiers de la Turquie et de l'Égypte, en 1876-77, et la guerre d'Orient, en 1877-78, ont, momentanément, suspendu la marche ascendante de l'École. Dans les années 1874, 1875 et 1876, les Échelles du Levant lui avaient fourni le cinquième de son effectif. En 1879, elle comptait 32 étrangers, dont 16 Grecs, 7 Espagnols, 4 Italiens et 5 de nationalités diverses. En 1883, le nombre des élèves de nationalité étrangère s'élève à 40. Il n'est plus que de 25 en 1884, par suite de l'épidémie cholérique, et de 15 en 1885.

———

XIV

ECOLE SUPÉRIEURE DE COMMERCE

DU HAVRE

1872

L'École supérieure de commerce du Havre, ouverte la même année que celles de Lyon et de Marseille, dut son origine au même mouvement d'opinion qui se fit jour en France à la suite de la guerre de 1870.

Les grands négociants havrais prêtèrent leur concours à cette œuvre avec un empressement, un patriotisme, une générosité dignes de tout éloge.

Il s'agissait de souscrire un capital initial d'environ 200,000 francs, considéré comme suffisant pour la constitution de la société anonyme qui devait organiser et administrer l'École. On en trouva 220,000, et, parmi les souscripteurs, il y en eut qui allèrent jusqu'à un sacrifice de 25,000 francs.

L'on ne peut donc assez regretter qu'un élan pareil n'ait pas été couronné du succès auquel tout le monde aurait eu lieu de s'attendre dans une ville comme le Havre, qui tient un si haut rang dans le commerce international, et dont le mouvement d'affaires ne le cède, en France, qu'à Paris et à Marseille.

Quoi qu'il en soit, un comité provisoire d'organisation fut constitué. Il se composait des personnes suivantes :

MM. Charles Busch ; F. Dumont ; L. Henry ; F. Mallet ; Robert Quesnel ; J. G. Schmidt ; H. Serres ; Jules Siegfried ; Jacques Siegfried ; Étienne Troteux.

Ce comité mena la campagne avec activité, et, le 17 décembre 1872, la société anonyme, pour la fondation d'une École de commerce au Havre se réunit en assemblée générale, et confirma dans leurs fonctions les membres du conseil d'administration, dont voici la liste actuelle :

MM. PH. DEVOT, de la maison Devot et Cᵉ, négociant, banquier, membre de la Chambre de commerce, *président ;*

FÉLIX ANQUETIL, de la Banque russe et française, à Paris, *vice-président ;*

CARON-CAMPART, négociant ;

H. COLLET, de la maison H. Collet et Cᵉ, négociant ;

LÉON PERSAC, négociant ;

GARDUN, de la maison Worms ;

JOSSE et Cᵉ, armateur, *secrétaire ;*

FERDINAND KRONHEIMER, négociant ;

F. MALLET, président de la Chambre de commerce du Havre ;

JACQUES SIEGFRIED, banquier, à Paris ;

MM. Jules Siegfried, ancien maire du Havre, député, membre de la Chambre de commerce,
conseiller général ;

A. Voizard, courtier en marchandises ;

Busch, de la maison Busch et Cᵉ, négociant ;

M. A. Chegaray, directeur des compagnies d'assurances *l'Équateur* et *l'Atlantique*.

L'École supérieure de commerce du Havre a été constituée, le 28 août 1871, sous forme de *Société civile anonyme*, au capital de 220,000 francs, divisé en 440 actions de 500 francs.

La durée de la Société est fixée à vingt années.

La Société est administrée par un conseil de douze membres, choisis parmi les actionnaires, et dont nous avons donné ci-dessus la liste actuelle.

Le Conseil a les pouvoirs les plus étendus pour la gestion et l'administration de la Société, et notamment :

Il organise l'enseignement de l'École, règle et arrête le programme des cours, ainsi que les conditions d'admission des élèves. Il nomme et révoque les professeurs de l'École et fixe leurs traitements. Enfin, il fait et autorise par ses délibérations tous les actes rentrant dans l'administration de la Société.

L'Assemblée générale annuelle des actionnaires entend le rapport du Conseil d'administration sur la situation des affaires sociales et sur la marche de l'École.

Elle discute, approuve ou rejette les comptes après avoir entendu le rapport du commissaire. Elle nomme les administrateurs et choisit le commissaire annuel, etc.

Le Conseil d'administration dresse chaque semestre un état sommaire de la situation active et passive de la Société, qui est mis à la disposition du commissaire. A la fin de chaque année sociale, il est établi un inventaire contenant l'indication des valeurs mobilières et immobilières, et de toutes les dettes actives et passives de la Société.

Le personnel de l'École du Havre est restreint à neuf professeurs, y compris le directeur.

L'École est un externat. Il est exigé que les élèves qui ne sont pas chez leurs parents soient placés sous la responsabilité d'un correspondant, et qu'ils soient logés et nourris dans une famille honorable.

L'École recommande aux parents qui lui en font la demande des familles et des établissements où les jeunes gens trouvent une surveillance bienveillante et des conseils paternels.

Le prix du cours est de 600 francs par an. Pour être admis, l'élève doit avoir quinze ans révolus. La durée des études est de deux ans.

Nous terminerons par le tableau suivant de l'effectif des élèves de l'École supérieure de commerce du Havre depuis son origine jusqu'en 1886 :

1871-72	26 élèves.
1872-73	43 —
1873-74	48 —
1874-75	52 —
1875-76	55 —

1876-77 . . . . 44 élèves.
1877-78 . . . . 39 —
1878-79 . . . . 38 —
1879-80 . . . . : . . . . . . 36 —
1880-81 . . . . 22 —
1881-82 . . . . 26 —
1882-83 . . . . 31 —
1883-84 . . . . 39 —
1884-85 . . . . 37 —
1885-86 . . . . 40 —

XV

ÉCOLE SUPÉRIEURE
DE COMMERCE ET D'INDUSTRIE
DE BORDEAUX
1874

L'École de Bordeaux, la dernière en date parmi celles qui ont été créées à la suite du réveil patriotique de la France en 1871, n'en est pas moins, avec celle de Marseille, une des plus prospères, car son développement suit depuis sa fondation une marche ascendante qui n'a fléchi que dans les années 1880, 81 et 82, pour reprendre son cours régulier jusqu'en 1886, où nous voyons son effectif arriver à 111 élèves.

L'idée de fonder à Bordeaux une école qui permît au commerce de cette grande ville de se passer du concours des employés étrangers, et notamment de celui des Allemands qui s'y montraient envahissants comme partout, cette idée vint en même temps à plusieurs groupes de négociants, à la Chambre de commerce, au Conseil municipal et à la Société philomathique bordelaise.

A dire vrai, le Conseil municipal songeait plutôt

à établir une école d'arts et métiers régionale ; mais quelques réunions de ces différents groupes, provoquées par l'initiative de la Société philomathique, firent trouver sans peine un terrain d'entente pour grouper les forces et les ressources dont on disposait en vue de créer un établissement d'instruction à la fois commerciale et industrielle dans des cours distincts, séparés, qui donneraient satisfaction à tous les besoins de l'industrie et du commerce de la contrée.

Une commission mixte, composée des délégués des trois corps, fut nommée pour étudier la question. Elle se composait de MM. Fourcand, maire de Bordeaux, Marius Faget, Raulin, Delboy, Barckhausen et Dormoy, pour le Conseil municipal ; MM. Lucien Faure, Arm. Lalande, Brunet, Marc Maurel, Schœngrun et Guestier, pour la Chambre de commerce ; et MM. Vilette, Emile Maurel, Al. Léon, Faye et Coutanceau, pour la Société philomathique. Le Conseil général de la Gironde leur adjoignit plus tard un délégué.

Cette commission fut unanime à reconnaître l'urgence de la création projetée, et elle se mit sans retard à l'œuvre pour élaborer un programme d'organisation qu'elle soumit aux Conseils municipal et général, à la Chambre de commerce et à la Société philomathique.

Une somme annuelle de 55,000 francs fut votée en faveur de l'École, et en outre le Conseil municipal mit gracieusement à sa disposition les locaux de l'École professionnelle de la rue Saint-Sernin, qui n'étaient occupés que le soir par les cours gratuits d'adultes et d'apprentis. En dehors de ces dotations si libérales, la municipalité bordelaise vota encore une somme de 54,000 francs pour l'aménagement des locaux et l'achat du mobilier scolaire.

Avec d'aussi brillantes ressources l'École supérieure de commerce et d'industrie de Bordeaux ne pouvait que réussir à s'organiser promptement, et, en effet, elle ouvrait ses portes à ses 33 premiers élèves, le 3 novembre 1874.

L'École est un externat. La rétribution scolaire annuelle est de 200 francs. — Les cours sont de deux ans dans chaque division.

Les élèves qui n'ont pas leurs parents à Bordeaux sont reçus en pension dans des établissements d'instruction ou dans des familles respectables, connues de l'École et recommandées par elle aux parents qui lui en font la demande.

Indépendamment des élèves réguliers, l'École reçoit à certains cours déterminés des auditeurs libres. Ces derniers doivent être âgés de vingt ans révolus. Ils paient la rétribution entière, quel que soit le nombre de cours auxquels ils assistent, et n'ont droit ni aux bourses ni aux diplômes.

L'admission des élèves réguliers dans chacune des deux divisions, commerciale et industrielle, se fait par voie d'examens, en deux sessions : la première, dans la première quinzaine d'août; la seconde, dans les premiers jours d'octobre.

Les candidats ayant échoué à la première peuvent se représenter à la seconde session.

Les candidats produisent, à leur inscription, leur acte de naissance, constatant qu'ils ont quinze ans, et un certificat de bonne conduite de l'établissement d'instruction où ils ont passé l'année précédente, ou, s'ils sont restés dans leur famille, du maire de leur dernière résidence.

Diplômes. — A la fin de la deuxième année ont lieu des examens généraux de sortie, portant sur la totalité des matières enseignées pendant les deux années. Ces examens comprennent des compositions écrites et des épreuves orales; les élèves qui ont échoué dans les premières sont exclus par ce fait des secondes.

Les élèves qui ont passé les deux épreuves avec succès reçoivent des *diplômes* signés par le président du Conseil général, le maire de Bordeaux, le président de la Chambre de commerce, le président de la Société philomathique et le directeur de l'École.

Les élèves diplômés sont seuls reconnus comme anciens élèves de l'École.

Tableau de l'effectif des élèves de l'École supérieure de commerce et d'industrie de Bordeaux, de 1874-1886 :

1874-75.	33	élèves.
1875-76.	69	—
1876-77.	76	—
1877-78.	75	—
1878-79.	81	—
1879-80.	78	—
1880-81.	65	—
1881-82.	60	—

1882-83. . . . . 84 élèves.
1883-84. . . . . 95 —
1884-85. . . . . 101 —
1885-86. . . . . 111 —

XVI

ÉCOLE
DES HAUTES ETUDES COMMERCIALES

DE PARIS

1881

Les études dans les écoles de commerce rentrent-
elles dans la *culture secondaire* ou dans la *culture supérieure*, dans les *humanités?* Telle est la question que
nous abordons dans ce chapitre, question qui a été
posée depuis longtemps, ainsi que nous avons eu l'occasion de le constater au chapitre II de cette Étude
à propos de l'Académie commerciale de Hambourg,
dont la fondation remonte à 1768.

Bien que nous nous soyons déjà prononcé catégori-
quement à deux reprises différentes pour les écoles
secondaires, nous sommes un partisan trop convaincu
de la liberté absolue de l'enseignement pour ne pas
admettre que, dans la pratique, les personnes aux-
quelles cela peut convenir ont le droit d'envoyer leurs
enfants dans une école de commerce ayant la prétention de donner à ses élèves, à ses *étudiants*, pour
mieux dire, une vraie culture supérieure, *acadé-
mique*... à la condition expresse, cependant, que *tous*

les frais de semblables établissements soient supportés par les *intéressés directs*, et que les *contribuables*, c'est-à-dire le peuple en général, la démocratie, ne soient jamais appelés à y participer ; car de telles études, rentrant incontestablement dans ce qu'on nomme « *le superflu intellectuel* », constituant un véritable « privilège aristocratique », ce privilège n'est admissible et ne doit être toléré qu'à la condition qu'il soit entièrement à la charge de celui qui veut en jouir.

Voilà le véritable point de vue auquel on doit se placer pour examiner la question.

Si donc il se trouve en France 100, 200, 500, 1,000 jeunes gens (et il y en a bien davantage, ce n'est pas douteux) dans une position de fortune telle que leurs parents *puissent* ou *veuillent* sacrifier les sommes nécessaires à l'entretien *complet* d'un établissement de ce genre, même si ces sommes devaient se monter annuellement à 10,000 francs par élève, je ne vois pas pourquoi on empêcherait ces familles de se donner une semblable satisfaction.

Nous l'avons dit bien des fois déjà dans le cours de cet ouvrage : aucun argent n'est mieux employé que celui que l'on dépense pour l'éducation des enfants.

Mais où les objections sérieuses se poseraient, ce serait dans le cas où l'on prétendrait faire supporter les frais de cette éducation privilégiée par le *plus grand nombre*, par le *public*, en un mot par le *contribuable*.

Dix mille francs, tirés des contributions, sacrifiés pour l'éducation d'un seul ! C'est-à-dire une somme plus que suffisante pour l'éducation de *vingt enfants!!!*

Ce serait une injustice criante, un abus, un *scandale* absolument inadmissible dans un pays républicain, dans une démocratie qui a inscrit sur son drapeau :

Liberté, Égalité, Fraternité.

Où donc serait l'égalité? Je vous le demande.

Aussi bien, cette objection est-elle si forte, si sérieuse, que nous doutons de voir des écoles de commerce se rattachant à l'*enseignement supérieur* prendre jamais en France, pas plus d'ailleurs que dans les autres pays, une grande extension, un grand développement.

Quoi qu'il en soit, il ne paraît pas que la Chambre de commerce de Paris partage cette manière de voir.

Bien au contraire, l'idée de créer une école où l'on ferait de la *haute culture commerciale* semble l'avoir séduite, *empoignée*, depuis fort longtemps; car cette idée qui se faisait jour vers 1866, après être restée à l'état de projet *ajourné*, mais jamais abandonné, prenait une forme tangible sous la présidence de M. Houette et celle de son successeur, M. Guibal, pour être conduite à sa réalisation par la Chambre de commerce présidée par M. G. Roy, à la suite de ses délibérations des 8 mai et 24 juillet 1878.

C'est donc en 1878 que furent jetées les bases de la création à Paris, sous le patronage de la Chambre

de commerce, de l'ÉCOLE DES HAUTES ÉTUDES COMMER-
CIALES.

La Chambre de commerce nommait bientôt après
une commission chargée d'étudier les plans de construction de l'École, et d'élaborer un programme d'é-
tudes.

Le 17 mai 1880, un décret autorisait la Chambre
de commerce à emprunter au Crédit foncier les sommes
nécessaires à la construction de l'École. Enfin, l'inauguration du nouvel établissement avait solennellement
lieu le 4 décembre 1881, dans le grand amphithéâtre
de l'École, sous la présidence de M. Gustave **Roy**,
président de la Chambre de commerce de Paris, assisté de MM. Léon Say, président du Sénat; Rouvier,
ministre du commerce et des colonies; Allain-Targé,
ministre des finances, et de toute la Chambre de commerce de Paris, fière d'avoir dépensé deux à trois
millions, sans lésiner, dans la pensée que la France
est assez riche pour payer sa gloire!

BUT DE L'ÉCOLE DES HAUTES ÉTUDES COMMERCIALES

« La Chambre de commerce de Paris, cela est incontestable, n'entendait pas créer une concurrence à
son École supérieure de commerce de la rue Amelot.
Elle voulait fonder un établissement d'un autre type,
une sorte de *Faculté* ou d'*École centrale* de commerce,
dans laquelle, comme disait M. G. Roy, le jour de
l'inauguration, il s'agissait d'amener les jeunes gens
de famille qui ont fait leurs études classiques.

« Nous trouvons d'ailleurs, dit M. Léautey, auquel

nous empruntons ces lignes, comme nous lui avons déjà emprunté d'autres renseignements statistiques de ces derniers chapitres, nous trouvons d'ailleurs le but de la fondation de l'École bien précisé par la Chambre de commerce elle-même, dans un rapport qu'elle adressait, le 15 janvier 1879, au ministre de l'agriculture et du commerce, et où elle s'exprimait ainsi sur ce point :

« L'École est destinée, dans la pensée de la Chambre, à donner un complément d'instruction aux fils de la bourgeoisie qui se proposent, à leur sortie du collège, de suivre la carrière commerciale. Le but de la Chambre est de donner à ces jeunes gens les notions pratiques au moyen desquelles on apporte l'ordre et la clarté dans les échanges, dont le mécanisme général leur aurait été préalablement expliqué, et d'imprimer une direction élevée à cet enseignement, qui comprendrait les sciences modernes se rattachant aux nécessités du commerce international. »

« Dans le même rapport, la Chambre entendait donner à l'établissement une étendue calculée sur le nombre de 250 à 500 élèves. Le premier de ces chiffres lui permettrait de couvrir ses frais, au prix, par élève, de 1,000 francs par an; le second lui assurerait le supplément de ressources nécessaires pour un nouvel agrandissement, ou lui fournirait un excédent de recettes qui serait consacré à des perfectionnements. »

L'École des *hautes études commerciales*, située boulevard Malesherbes, 108, a été ouverte le 3 novembre 1881.

Les magnifiques bâtiments de l'École occupent un terrain de 5,910^m,99, acheté par la Chambre de commerce pour le prix de 517,000 francs.

Ces bâtiments comportent : le local de l'administration, les appartements du directeur, de l'inspecteur des études, etc., deux grands amphithéâtres, douze salles d'étude ou comptoirs, dix salles d'examen, un musée de marchandises, un laboratoire, une bibliothèque, une salle de boxe et d'escrime, un vaste réfectoire pour 300 élèves, quatre-vingts chambres spacieuses et bien aérées pour les élèves internes, une salle de jeux, de vastes préaux, etc., etc.

Voici l'effectif de ses élèves depuis sa fondation :

1881-82.	50 élèves.
1882-83.	92 —
1883-84.	108 —
1884-85.	117 —
1885-86.	128 —

La progression constante du nombre des élèves sera, sans aucun doute, favorisée par la création prochaine d'une classe préparatoire.

CONCLUSION

—

En résumé, nous voyons qu'en dépit des efforts tentés en France depuis 1820 par beaucoup d'hommes d'une intelligence et d'un patriotisme incontestables, pour y implanter les études commerciales, on n'a réussi à y créer que neuf écoles, dont deux, celles de Lille et de Rouen, c'est-à-dire de deux centres manufacturiers de premier ordre, ont dû fermer *faute d'élèves*, sans qu'il y ait lieu pourtant de citer ici le vers glorieux :

Et le combat finit faute de combattants,

et dont les sept autres se traînent péniblement avec un nombre total d'élèves qui n'a jamais pu donner dans le *mille ;* avec des résultats financiers tellement déplorables que, si l'on voulait faire entrer en ligne de compte toutes les subventions, sous des formes diverses : dons en argent, en nature, en bâtiments, en bourses, cours professés gratuitement (horreur ! triple scandale ! abominable tyrannie !), cours mal rétribués, etc., etc., etc., subventions dont la plupart sortent de la poche des contribuables, on arriverait dans chacune d'elles, sans exception, à des chiffres invraisemblables, à un prix de revient de chaque élève qu'on n'oserait mentionner ; j'ai ouï parler de 10,000 francs pour l'une d'elles !!!

Or, voulez-vous savoir ce qu'ont coûté les célèbres écoles de commerce allemandes à leur pays?

Rien, rien, rien! pas un rouge liard!

Elles ont presque toutes ouvert leurs cours avec une avance de leur chambre de commerce respective, variant de 20 à 50,000 francs, avance bien vite remboursée (en trois années à Dresde, par exemple) sur les excédents des recettes; leurs professeurs sont largement rétribués (beaucoup mieux que leurs collègues français, et, conséquence naturelle, beaucoup plus considérés) ; presque toutes ont constitué des pensions de retraite pour leur personnel ; quelques-unes ont fait construire de véritables palais, après fortune faite.

Il faut oser dire la vérité : On ne rencontrerait pas dans l'histoire de l'éducation du monde civilisé un second exemple d'un échec aussi complet que celui auquel est venue aboutir en France la tentative de créations d'écoles commerciales.

Quand on marque son étonnement de cet insuccès, on vous répond : C'est ceci, c'est cela; c'est la faute des préjugés de notre race; c'est la faute du volontariat ou de la future suppression du volontariat; c'est la faute de l'Université; c'est la faute à Voltaire, c'est la faute à Rousseau, que sais-je?

Eh bien! non, messieurs, ce n'est rien de tout cela.

Si les écoles de commerce allemandes prospèrent,

c'est qu'elles ont été fondées *sous le régime de la liberté qui vivifie.*

Si les écoles de commerce françaises végètent ou périssent, c'est qu'elles fonctionnent *sous le régime étouffant, mortel, de la protection.*

Méditez cela.

Oui, méditez cela, ô nobles et généreux Français, qui aimez tant à vous endormir, à vous engourdir dans les bras de la sainte Routine ! mais qui savez aussi, l'histoire en fait foi, vous réveiller quand l'heure est venue, et retrouver cette *furia francese* qui a tant de fois étonné l'univers !

Ne seriez-vous donc plus les fils des Celtes, ce joyeux peuple de la gloire, qui parcourut jadis le monde en chantant? des Francs, des Normands, des Bourguignons, qui firent, au moyen âge, de la Méditerranée un lac français ; peuple dont le sang généreux a fécondé le sol de la terre, peuple dont les erreurs même ont profité à l'humanité?

N'est-ce pas nous qui avons colonisé jadis l'Asie Mineure, cette Galatie qui porte encore aujourd'hui notre nom ; qui avons fait trembler Rome, qui avons forcé les portes de la Ville éternelle ; nous dont les princes féodaux furent rois à Londres, rois en Sicile, rois à Jérusalem, empereurs à Constantinople ; nous dont le nom a inspiré tour à tour la crainte et l'espérance ; nous qui avons été les pionniers de la civilisation sur le Saint-Laurent, sur le Mississipi, au cap de Bonne-Espérance et jusqu'au pied de l'Himalaya ; nous qui avons donné nos arts, notre industrie à la Prusse, au peuple ingrat ; nous qui serons demain, non pas les maîtres, mais les bienfaiteurs de l'Afrique ; nous qui avons une histoire glorieuse entre toutes, qui avons *innové* partout, ne saurons-nous donc pas nous vaincre nous-mêmes et rejeter à tout jamais loin de nos frontières la Routine avilissante, la Routine homicide ?

Oui, méditez cela, Français, mais faites mieux : considérez qu'il y va du salut de la patrie.

L'idéal de l'éducation française sera-t-il donc éternellement de subventionner, d'entretenir des écoles où l'on nous prépare des générations de budgétivores constellés ? Cela ne paraît-il pas une monstruosité dans la grande démocratie des temps modernes ?

Sachez bien qu'en 1870, ce sont les écoles allemandes qui nous ont vaincus. J'entends ces écoles admirables, qu'elles s'appellent écoles de commerce, écoles réales, innombrables écoles privées où l'on enseigne trois ou quatre langues modernes à des *centaines de mille enfants !*

C'est cette armée que nous devons redouter ; c'est elle qui nous envahit chaque année ; c'est elle qui nous dévorera, si nous n'y prenons garde, d'une manière autrement sûre et terrible que le légendaire uhlan !

Voilà tantôt cent ans que notre glorieuse Révolution a démoli la *Bastille*, où les tyrans emprisonnaient les *gêneurs*, c'est-à-dire les Hommes !

Il nous reste encore aujourd'hui une grande tâche à accomplir, c'est la démolition d'une Bastille mille fois plus à craindre que l'autre, parce qu'elle est invisible, immatérielle et que beaucoup, même parmi les plus clairvoyants, sont ses prisonniers sans s'en apercevoir.

Cette Bastille, c'est la Routine !

Formons-nous donc en phalange serrée pour monter à l'assaut, libéraux de la France, préparons-nous pour cette lutte suprême, dans laquelle nous fêterons dignement notre grand centenaire historique.

Nous avons deux ans devant nous : travaillons, livrons des escarmouches d'avant-garde, tenons-nous prêts pour la grande journée qui doit nous affranchir.

Nous nous réunirons tous alors, tous les libéraux de France, je dis *tous*, sans distinction de *partis politiques*, et nous démolirons cette Bastille redoutable : la *Routine*, où l'on tient emprisonnée la Pensée !

La PENSÉE ! la LIBERTÉ !

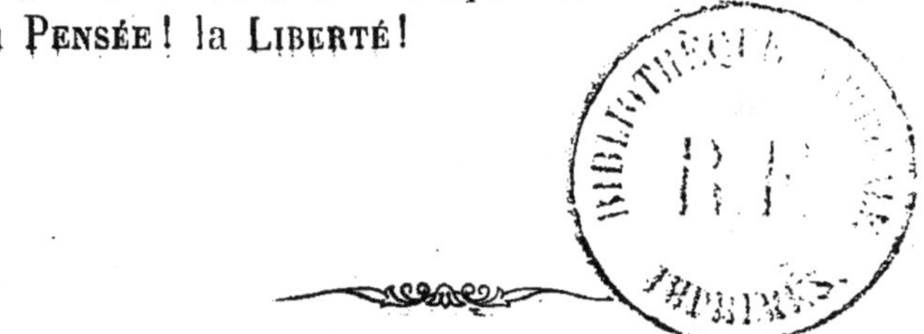

TABLE GÉNÉRALE

DES

MATIÈRES

TABLE GÉNÉRALE

DES

MATIÈRES

———

FIN DE LA TABLE GÉNÉRALE DES MATIÈRES.

ERRATUM

Page 9, ligne 23, au lieu de « ils eurent fait d'eux », lisez
« elles en eurent fait ».

—

Nom omis par inadvertance dans la liste des anciens actionnaires de l'Institut commercial :

M. Boussus, manufacturier à Wignehies, conseiller général
    du Nord.

Paris. — Imprimerie de Ch. Noblet, 13, rue Cujas. — 1887

Bibliothèque de l'Enseignement commercial

BOULEVARD MONTMARTRE, 18

OUVRAGES DU MÊME AUTEUR :

—◦◦§◦◦—

POUR PARAÎTRE PROCHAINEMENT :

La Réforme de l'Éducation nationale

L'EXTINCTION DU PAUPÉRISME

CHEFS-D'ŒUVRE DE LA LITTÉRATURE ANGLAISE
COMMENTÉS EN DIVERSES LANGUES

PARIS. — IMPRIMERIE DE CHARLES NOBLET, RUE CUJAS, 13.